机器学习系列

机器翻译

[法]蒂埃里·波贝（Thierry Poibeau） 著

连晓峰 等译

机械工业出版社

本书主要介绍了机器翻译系统开发过程中的主要问题、机器翻译的发展历程及最新进展。其中着重阐述了机器翻译领域的主要方法：基于规则的方法、基于示例的范式、目前最流行的统计范式和基于分段的方法以及目前最先进的深度学习机器翻译。最后还讨论了机器翻译的评价问题，以及该领域内的主要参与者和商业化现状。

本书可作为机器翻译领域技术人员的参考用书，同时也可供广大计算机科学、人工智能领域对自然语言处理感兴趣的读者阅读。

Machine translation
ISBN: 978-0-262-53421-5
By Thierry Poibeau

Original English language edition published by The MIT Press Copyright © 2017 Massachusetts Institute of Technology. All Rights Reserved.

This title is published in China by China Machine Press with license from The MIT Press. This edition is authorized for sale in China only, excluding Hong Kong SAR, Macao SAR and Taiwan. Unauthorized export of this edition is a violation of the Copyright Act. Violation of this Law is subject to Civil and Criminal Penalties.

本书由The MIT Press 授权机械工业出版社在中华人民共和国境内（不包括香港、澳门特别行政区及台湾地区）出版与发行。未经许可的出口，视为违反著作权法，将受法律制裁。

北京市版权局著作权合同登记　图字：01-2018-2433号。

图书在版编目（CIP）数据

机器翻译/（法）蒂埃里·波贝（Thierry Poibeau）著；连晓峰等译. —北京：机械工业出版社，2019.5
（机器学习系列）
书名原文：Machine Translation
ISBN 978-7-111-62771-5

Ⅰ.①机… Ⅱ.①蒂…②连… Ⅲ.①机器翻译 Ⅳ.①H085

中国版本图书馆 CIP 数据核字（2019）第 095126 号

机械工业出版社（北京市百万庄大街22号　邮政编码100037）
策划编辑：朱　林　　责任编辑：朱　林
责任校对：陈　越　　封面设计：马精明　责任印制：孙　炜
河北宝昌佳彩印刷有限公司印刷
2019年8月第1版第1次印刷
145mm×210mm · 8.25印张 · 136千字
0 001—4 000册
标准书号：ISBN 978-7-111-62771-5
定价：59.00元

电话服务　　　　　　　　网络服务
客服电话：010-88361066　机　工　官　网：www.cmpbook.com
　　　　　010-88379833　机　工　官　博：weibo.com/cmp1952
　　　　　010-68326294　金　　书　　网：www.golden-book.com
封底无防伪标均为盗版　　机工教育服务网：www.cmpedu.com

译者序

　　机器翻译，又称自动翻译，是利用计算机将一种自然语言（源语言）转换为另一种自然语言（目标语言）的过程。它是计算语言学的一个分支，是人工智能的终极目标之一，具有重要的科学研究价值。机器翻译技术的发展一直与计算机技术、信息论、语言学等学科的发展密切相关。从早期的词典匹配，到词典结合语言学专家知识的规则翻译，再到基于语料库的统计机器翻译，随着计算机计算能力的提升和多语言信息的爆发式增长，机器翻译技术也逐步成熟，并为广大用户提供实时、便捷的翻译服务。

　　本书旨在简要概述机器翻译的发展历程。首先介绍了在开发机器翻译系统时必须解决的主要问题。然后详细介绍了机器翻译的发展历程，其中包括从计算机出现之前的机器翻译初期到基于深度学习的最新进展。本书着重分析了自从机器翻译领域创建以来的主要方法：基于规则的方法以及ALPAC报告及其影响；推动该领域研究飞速发展的平行语料库、基于示例的范式；目前最主流的统计范式；基于分段的方法和目前最先进的基于深度学习的方法。另外，本书还对机器翻译的质量评价问题进行了深入讨论。最后，介绍了该领域世界范围内的主要参与者以及商业化现状。

本书作者长期从事机器翻译领域的研究和实践，对机器翻译领域的发展和问题进行了深入总结和归纳。

全书共 15 章，主要由连晓峰翻译并审校。此外，郭其豪、潘兵、刘鹏华、田恒屹、王焜、贾琦、洪兆瑞、王子天也参与了部分翻译工作。

鉴于译者的水平有限，书中不当或错误之处在所难免，恳请各位业内专家、学者和广大读者不吝赐教。

译　者

原书致谢

如果没有同事和朋友的大力支持,就不可能完成本书的编写工作。在此要感谢 Michelle Bruni、Elizabeth Rowley-Jolivet、Pablo Ruiz Fabo 和 Bernard Victorri 在本书编写过程中的无私帮助。另外,还要感谢 MIT 出版社的编辑和工作人员,尤其是 Marie Lufkin Lee 和 Katherine A. Almeida。最后,要感谢匿名审稿人的细致评阅以及提供的许多有见地的评论和建议。

目 录

译者序
原书致谢

第一章
绪　论 / 001

第二章
翻译难点 / 007

- 翻译的本质是什么 / 007
- 什么是恰当翻译 / 008
- 恰当翻译的标准 / 010
- 机器翻译的影响 / 011
- 为什么用计算机分析自然语言是非常困难的 / 014
- 自然语言与歧义 / 014
- 机器翻译产生的主要问题 / 019

▶ 自动翻译系统和人工翻译系统 / 020

第三章
机器翻译发展概述 / 023

▶ 基于规则的系统：从直接方法到语际方法 / 023

▶ 统计机器翻译系统的变革 / 029

▶ 发展历史快速回顾 / 031

第四章
计算机出现之前 / 035

▶ 通用语言问题 / 035

▶ 历史悠久的传统 / 036

▶ 人工语言 / 038

▶ 第二次世界大战期间机器翻译系统的发展 / 040

▶ Artsrouni 机械大脑 / 040

▶ Smirnov-Trojanskij 辅助翻译环境 / 042

第五章
机器翻译的开端：第一个基于规则的系统 / 045

▶ 先驱者 / 046

- 早期实验 / 046
- Weaver 的备忘录 / 047
- 机器翻译的真正开端（1950~1960 年）/ 055
- 早期 / 055
- 第一个基于规则的系统的发展：Turmoil 和 Enthusiasm / 057
- 美国之外的研究 / 061
- 觉醒期（1960~1964 年）/ 063
- Bar-Hillel 的批评 / 064
- 讨论 / 066

第六章
1966 年的 ALPAC 报告及其影响 / 069

- 报告内容 / 070
- 报告的直接后果 / 074
- 1965~1990 年：长期停顿 / 076
- 更广泛的研究工作 / 076
- 第一个商用系统 / 079

第七章
平行语料库与语句对齐 / 083

- 平行语料库或双文本的概念 / 083
- 平行语料库的可用性 / 087
- 现有语料库 / 087
- 平行语料库的自动创建 / 089
- 语句对齐 / 092
- 基于语句相对长度的对齐 / 093
- 词汇法 / 096
- 混合法 / 098

第八章
基于示例的机器翻译 / 099

- 基于示例的机器翻译概述 / 101
- 翻译示例的搜索 / 103
- 基于示例的机器翻译的优缺点 / 105

第九章
统计机器翻译与词对齐 / 109

- 一些示例 / 110
- 机器翻译的"基本方程" / 113
- 词汇对齐的不同方法：IBM 公司模型 / 118

- 模型 1 / 119
- 模型 2 / 124
- 模型 3 / 124
- 模型 4 / 125
- 模型 5 / 126
- 翻译（或处理）阶段 / 127
- 返回到研究领域的根源 / 130

第十章
基于分段的机器翻译 / 131

- 面向分段的机器翻译 / 131
- 双重对齐 / 132
- 基于分段的机器翻译一般问题 / 133
- 在统计模型中引入语言信息 / 138
- 考虑句法的对齐模型 / 139
- 考虑语义的对齐模型 / 142

第十一章
统计机器翻译的挑战与不足 / 145

- 语言多样性问题 / 146

- 稀有语言的案例与中枢语言的回归 / 147
- 如何快速开发针对新语言的机器翻译系统 / 152
- 混合机器翻译系统 / 152
- 基于规则的系统现状 / 154
- 当前挑战：新语言对机器翻译系统的快速发展 / 155
- 是否统计过多 / 156
- 基于统计的翻译系统的主要局限性 / 156
- 统计并不排斥语义 / 157

第十二章
深度学习机器翻译 / 161

- 深度学习机器翻译概述 / 162
- 深度学习机器翻译当前所面临的挑战 / 168

第十三章
机器翻译系统的评价 / 175

- 第一次评价活动 / 178
- 综合评价 / 179
- 评价小组 / 180

▶▶ 充分性和流畅性 / 181

▶▶ 人工辅助翻译 / 181

▶▶ 寻求自动评测 / 183

▶▶ BLEU / 183

▶▶ NIST / 184

▶▶ METEOR / 185

▶▶ 自动评价方法评述 / 186

▶▶ 评价活动的扩大 / 187

▶▶ 自动评价的经验教训 / 189

▶▶ 根据语言对的任务难度评测 / 189

▶▶ 翻译错误类型 / 194

第十四章

机器翻译产业：专业与大众市场间的应用 / 197

▶▶ 主要市场，难以评价 / 197

▶▶ 市场概览 / 198

▶▶ 免费在线软件 / 202

▶▶ 商业化产品 / 206

- ▶▶ Systran 公司案例 / 208
- ▶▶ 全球市场 / 210
- ▶▶ 机器翻译的新应用 / 211
- ▶▶ 跨语言信息检索 / 213
- ▶▶ 自动字幕和说明 / 214
- ▶▶ 多语对话的直译 / 214
- ▶▶ 手机和通信对象 / 216
- ▶▶ 翻译辅助工具 / 217

第十五章
结论：机器翻译的未来 / 221

- ▶▶ 商业化挑战 / 221
- ▶▶ 机器翻译的认知方法 / 224

附录

- ▶▶ 附录 A 术语 / 229
- ▶▶ 附录 B 推荐与扩展阅读书目 / 238

第一章
绪　论

道格拉斯·亚当斯（Douglas Adams）的幽默长篇小说《银河系漫游指南》（The Hitchhiker's Guide to the Galaxy）[一]中描述到，如果要想听懂任何一种语言，只需将一种小鱼（巴别鱼[二]）放入耳朵中即可。这种不可能实现的想法与一种通用的翻译装置紧密关联，而且涉及语言多样性和语言理解等关键问题。

众多思想家、哲学家和语言学家以及当前的计算机科学家、数学家和工程师们都已解决了语言多样性问题。此外，还设想了各种理论和装置，旨在解决由于多样性所产生的各种问题。自从计算机问世以来（第二次世界大战后），这种研究计划已通过设计

[一] 《银河系漫游指南》最初是一部广播喜剧（1978年），后来被改编成不同版本，包括漫画、小说、电视剧和戏剧。
[二] 巴别鱼（Babel fish）也是20世纪90年代末在网络上非常流行的一种机器翻译系统的名称。

机器翻译工具(即能够将源语言文本自动译成目标语言的计算机程序)而得以实施。

起初,这项研究计划是非常雄心勃勃的:甚至是人工智能领域中最基础的学科之一。语言的分析离不开对知识和推理的分析,这也解释了为何人工智能以及认知科学界的哲学家和专家都极度关注这一领域的原因。这不禁让人想起阿兰·图灵㊀在1950年提出的测试实验:如果一个人(通过屏幕)与计算机对话而不能分辨对方是人还是计算机,那么就说明测试成功。这种测试是非常基础的,因为开发一个可行的会话智能体不仅需要理解对方所说的话(至少在某种程度上),而且需要从所说的话中推断出相关含义,从而有助于继续会话。对于图灵的定义,如果测试成功,则意味着机器具有一定程度的智能。该问题引发了许多争论,但至少对一个事实达成一致意见,即一个健壮的会话系统将涉及一些理解和推理的机制。

㊀ 阿兰·图灵是英国数学家、逻辑学家和计算机科学家。他在计算机科学的发展中具有重要地位,他的生平在电影《模拟游戏》(2014年)中得到演绎。

语言的分析离不开对知识和推理的分析,这也解释了机器翻译领域的人工智能以及认知科学界的哲学家和专家都极度关注这一领域的原因。

机器翻译会涉及不同的处理过程,这使之至少与开发一套自动对话系统一样具有极大的挑战性。机器所展示的"理解"程度是非常片面的:例如,Weizenbaum 在 1966 年研制的 Eliza 系统能够模拟心理理疗师和病人之间的对话。事实上,该系统只是从病人的话语中提炼问题(例如,系统能够根据语句"我怕 X"中提出问题"你为什么害怕 X?")。另外,该系统还包括一系列现成的语句而没有预定义该何时使用(例如,"您能具体说明真正想要什么吗?"或"真的?")。尽管很简单,但 Eliza 系统还是取得了极大成功,一些病人真的认为他们是通过计算机与真正的医生交谈。

而对于机器翻译,情况完全不同。翻译需要深入理解待翻译的文本。此外,转换成另外一种语言也是一个微妙且难度很大的过程,即使是新闻或技术性文本。当然,机器翻译的目的并不是要翻译成文学作品或诗歌,而是对日常文本进行最准确的翻译。尽管如此,这项任务仍然非常艰巨,目前的系统还远不能令人满意。

然而,尽管机器翻译具有局限性,但从侧重理论的角度来看,机器翻译使得人们重新审视这一古老而被广泛研究的问题:翻译的本质是什么?翻译过程中会涉及哪些知识?如何将文本从一种语言转换为另一种语言?这些都是本书所要讨论的问题。

本书旨在简要概述自第二次世界大战以来机器翻译的发展历程。其中会提及一些从事机器翻译研究的先驱，主要还是利用计算机来研究如何实现。因此，本书的内容具有一定的历史意义，毕竟解决问题的主要方法还是以直观形式呈现：其思想是确保读者可以了解主要原理，而不必掌握所有的技术细节。具体而言，本书将介绍基于海量文本语料库进行统计分析的最新方法，这些方法都是依赖于先进技术的，在此将忽略具体的数学细节而不影响掌握整体思想。若对细节感兴趣，可参考更多的专业图书。

本书首先介绍了在开发机器翻译系统时必须解决的主要问题（第二章）。然后对机器翻译的发展历程进行了简要概述（第三章），接着更详细地介绍了该领域的发展历史，从计算机出现之前的初期（第四章）到基于深度学习的最新进展（第十二章）。在此过程中，本书分析了自从机器翻译领域创建以来所用到的所有主要方法：从基于规则的方法（第五章）到ALPAC报告及其影响（第六章）；以及平行语料库的产生（第七章），该语料库在1980年之后推动了该领域研究的发展，首先是基于示例的范式（第八章），然后是目前最流行的统计范式（第九章）及其最新发展——基于分段的方法（第十章）和在系统中引入更多的语言学知识（第十一章）。本书并不限于介绍解决问题的主要方法，还将讨论评价问题（第十三章），可以是人工评价或自动评价，并在接下来一章中介绍了该领域世界范围内的主要参与者以及商业化现状的一些详细内容（第十四章）。尽管该领域发展迅速，但从商业化发展的角度来看，解决产业问题更重要，这是因为机器翻译现在已是从国防到媒体和电信等若干突出领域的关键技术。最后，本书总结了该领域的未来（第十五章），并为进一步扩展阅读提供了一些参考文献。

第二章
翻译难点

在实现机器翻译之前,明确翻译的本质概念是非常重要的。应当如何进行翻译?如何实现恰当、准确的翻译?在本章中,将会发现很难回答这些问题,为此也产生了大量相关参考文献。在本章中,将分析理解语句(对于人类来说这是非常简单且自然的)为何是计算机最难处理的事情,尽管计算机具有令人难以置信的计算能力。

▶ 翻译的本质是什么

这个问题的答案似乎显而易见:翻译是将源语言文本转换成目标语言文本。然而,显然这个看似简单的答案实际上是一个非常复杂的问题。"转换文本"是什么意思?如何实现从源语言到目标语言的转换？如何在两种语言之间找到一种等效的表达？翻译应是基于单词、词组还是语句？更重要的是，如何确定一个文本或一种表达具有何种含义？每个人对于文本都有相同的理解吗？如果不是，那么在翻译过程中该如何处理这一问题？

由上述可知，翻译与涉及语言学的许多问题有关，当本质含义不确定时，还会涉及心理学甚至哲学。并非要解决这些高度复杂的问题（没有明确答案！），或许更应该从侧面出发，尝试确定"恰当"翻译的特征是什么。

▶ 什么是恰当翻译

解决翻译的首要问题是没有人知道该如何正式定义什么是恰当翻译。因此，不能期望从这个角度取得更大进展，但至少可以在文献中找到一些标准。

解决翻译的首要问题是没有人知道该如何正式定义什么是恰当翻译。

▶ 恰当翻译的标准

文本翻译应忠于原文：应该尊重源文本的主要特征、语调和风格、思想细节以及整体结构。翻译的结果应保证从目标语言上易于阅读，且语法正确，这意味着需要通过一个微妙的重组过程。理想的情况是，读者在不知道源文本的情况下不能意识到是在阅读翻译后的文本，这就要求所有规范和习惯用语都应是恰当的。

为此，译者必须完全理解所翻译的文本，同时也必须具备目标语言的丰富知识。这就是为什么专业翻译人员通常只将源语言翻译成母语的原因，因为能够完全理解，并能通过知识表述来准确地描述源文本。

然而，这些标准不可避免地存在内在主观性。一些读者认为"好"的翻译可能在另一个人看来翻译得很糟糕。当专业翻译人员与不熟悉的作者合作时，或当翻译人员不知道其翻译作品将在什么上下文中使用时，经常会出现这种情况。

翻译的效果可能会根据用户、时代、文本性质、用法甚至上下文而完全不同。技术文本不是以文学作品的方式来翻译的。当文本内容距离目标语言读者当前所处环境非常遥远时，需要对源文本进行特殊处理（例如，将12世纪的日文翻译成现代英文）。

译者必须在接近原文或利用释义来确保正确理解（尤其是历史背景、不熟悉的事件等）之间做出选择。文本的语调和风格也与所考虑的语言有很大关系。

由上述简要概述可知，所有这些主观特性都使得对翻译任务的评价成为一个难题。

然而，一些缺陷是众所周知的，并经常是相关文献中讨论的主题。逐字翻译并不是一个好的方法，因为翻译结果往往难以理解，也不是目标语言中的常用习语。当然，应该去除具有歧义的同源词和重复语法，因为这些通常都是无意义的（例如，法语单词"achèvement"应在英语中翻译为"completion"，而不是"achievement"）。另外，显然，译者应该首先阅读全文，或者至少阅读待翻译的大部分文本，以避免误译。熟悉用户、上下文以及翻译文本的今后用途将有助于在翻译过程中根据目标语言进行调整。

▶ 机器翻译的影响

从目前来看，翻译仍是一个复杂的过程，涉及高层次的认知和语言能力。译者必须对涉及的两种语言都非常熟悉，且必须具有特殊技能来利用不具有相同措辞或相同结构的目标语言重新构造源语言。

对于机器而言，并不直接具备这些技能。从这个角度来看，自动翻译系统还处于初级阶段，在推理、推断和重构方面与人类的能力还相差甚远。为了能够重新构造一个语句，除了必须很好地掌握语言本身，还必须具有搜索类似概念的能力，这要比只是简单地获取单词和表述的等效表示要复杂得多。

自动翻译系统的开发人员也意识到了这些局限性。很少有研究人员尝试开发用于文学作品的机器翻译系统。几乎每个人都认为机器翻译是一项远未解决的艰巨任务，且一致认为只能处理普通文本（例如，新闻、技术文档）。自动翻译系统并不能取代那些仅翻译小说或诗歌的译者。由于采用了为获得准确翻译而必须首先在自动翻译系统中引入的非常专业的词汇表，因此，即使是针对技术文档而言，实现自动翻译也具有一定的困难。目前，机器翻译的目的主要是向用户提供一些帮助，在某些专业环境中，使之决定是否需要借助人工翻译。

机器翻译能够达到的整体质量也是一个饱受争议的问题。机器翻译的最终目标是获得与人工翻译相同的质量。人们普遍认为，这是极具挑战性的，也很难标准化，因为翻译的质量与文本性质和复杂性有关。

长期以来，机器翻译都是采用在某种程度上可以与逐字翻译过程相媲美的局部技术，即使大多数系统现在也考虑采用更复杂的表示形式。尽管人们都知道文本可为翻译过程提供重要信息，但仍很少考虑文本级的信息。例如，总是会忽略文本的语调或风格，这类信息对于自动翻译系统而言太难标准化了。

在某种程度上，对于当前的大多数系统，即使是语句级也是过于复杂的。一般都认为这些系统执行的是逐句翻译，这在一定程度上是正确的，但翻译过程通常会涉及语句段⊖。一个完整语句的翻译是由这些片段的翻译汇集而成的。因此，机器翻译有时会产生一些奇怪的结果，甚至常常是毫无逻辑的，这些都不足为奇。很少会考虑形态学（单词结构分析）和句法（语句结构分析），而这对于一些语言具有显著影响。例如，一些词被认为是具有高度屈折词缀的，这意味着词形可以根据语句（主语、补语等）中单词的语法功能而变化。显然在此情况下，如果没有进行适当的语法分析（即分析语句中不同单词的相对语法功能），自动翻译过程将不能在目标语言中生成正确的单词形式。

⊖ 值得注意的是，在该领域中的最新进展，即基于深度学习的方法，是试图避免翻译孤立的词组，而是直接考虑整个语句。

最后，还应该理解为什么用计算机处理语言是困难的，即使是处理比机器翻译更容易的任务。这是因为一种语言具有成千上万个单词，且具有不同的表现形式（"将来时""过去时""进行时"）、不同的含义和不同的结构。复合词（如"round table"，通常是表示一个事件而不是一个对象）、轻动词（如"to take a shower"，其中的"take"几乎没有语义内容）以及习语或固定表示（如"kick the bucket"，其含义与"kick"和"bucket"无关）都会使得任务更加复杂，因为此时需要辨别复杂的表示形式，而不仅仅是孤立的单词。下面的内容主要是阐述一些关键问题。

▶ 为什么用计算机分析自然语言是非常困难的

除了缺少用户、上下文或待翻译文本的样式等信息，主要问题与任务本身有关。处理自然语言（相对于处理诸如计算机编程语言之类的标准化语言）本身就是非常困难的，主要是因为自然语言的核心本质是含糊且不确定的。

▶ 自然语言与歧义

自从在自然语言处理（也称为计算语言学）中引入计算机以

来，语言学家和计算机科学家就一直对此很感兴趣。自然语言处理非常困难，这是因为在默认情况下，计算机对语言概念一无所知。因此，必须指定单词、短语和语句的定义。到目前为止，这似乎并不太难（但是，考虑"isn't it""won't""U.S.""$80"等表示，并不清楚每个单词的含义，以及在这种表示中会涉及多少个单词），另外，与同样是由单词构成的标准化语言也不同。主要区别在于给定的自然语言中的每个词和每种表述都可能是模糊的。

接下来，分析一些常见的例子，比如"the chicken is ready to eat"或"there was not a single man at the party"。这些都是教材中的一些示例，虽然看起来有点牵强，但是，这表明了语言处理中的一些常见问题。在第一个例子中，是应该给鸡吃一些东西还是鸡肉可以吃了？在第二个例子中，说话者是表示聚会上没有男人还是表示这里的男人都已婚？这些例子清晰地表明歧义是普遍存在的，也是最普通词汇和表达中的一部分。在上述两个例子中，可以标注"chicken"是一种动物或一种肉类，也可以是指胆小鬼。"party"（根据 Wordnet⊖ 所述）可以是指"一个具有政治权力的组织""聚在一起娱乐的一群人""临时参与某种活动的一群人""人

⊖ https://wordnet.princeton.edu。

们聚集在一起进行社交和娱乐的场合"或甚至是"涉及法律诉讼的人"。"party"还可以是"参与某一政党"之类的动词。

　　针对这一问题的一种解决办法是将所有这些不同含义都记录在字典中,不过现已具有这种方法,例如,刚才提到的 Wordnet,就是一种可供人类和计算机使用的词汇数据库。然而,马上又会意识到这并不是一个有效的解决办法,因为一旦所有这些含义都保存在字典中,问题就变成在每次出现时(也就是说,对于上下文中所用的每个单词)如何选择正确的含义。

　　一个普通字典通常包含 50000~100000 个条目(即不同的单词),这些条目又可以产生更多的表现形式,或文本中出现的单词。例如,"texts"不是字典中的一个条目,只是"text"一词的一种表现形式("texts"是"text"的复数形式,且认为最终用户应该已知这一点)。这是基于几乎所有字典都是用于正常人群阅读的基本假设条件。在一个字典中,名词和形容词只保存单数形式,动词只保存不定式形式;一个单词的字典形式通常称为词条。在英语中,表现形式的个数是有限的,但对于像法语这样的语言,问题更严重。对于像芬兰语等其他语言来说,表现形式的理论个数非常多,甚至可认为是无限多个,因为这种语言至少有 12 种情况,并且还具有可以以各种方式组合的后缀和词根。想要把所有这些形式都保存在一个字典中是不可行的!

另外,更难的是确定一个单词或一个短语的含义(上述的"party"是指"一个具有政治权力的组织"还是"聚在一起娱乐的一群人"?),这时就必须考虑上下文语境。但通常上下文本身就是模棱两可的,从而导致一个不可解的潜在问题。此外,现已证明词义也不是互斥的,"单词用法常常介于字典定义之间"(Kilgarriff,2006)。这就是语言具有普遍存在的模糊性的主要后果之一。

看似相互矛盾的是没有像计算机那样具有快速或准确地处理数字能力的人类反而非常擅长处理这类问题。大多数人在大多数语句中都不会产生任何歧义,即使这里可能存在成千上万种含义。语言复杂性的这一方面并没有得到从事该领域的大多数早期研究人员的重视,或更确切地说,是人们在很大程度上低估了这种复杂性。

即使在当今的神经影像时代,语言处理的方式(更具体地说,是理解话语的方式)至今仍在很大程度上模糊不清。理解似乎是一种自然、直接且基本上是无意识的能力。为了获得语句的语义表示，应考虑其所有可能性。根据交流沟通的语境，大脑可能会直接激活"正确"的含义，甚至没有考虑其他解释。有人提出一种 Necker 立方体的平行方案，这是一种在无深度透视图中的立方体表示（见图 1）。

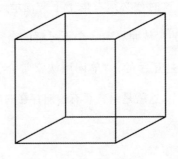

图 1　Necker 立方体，Louis Albert Necker 于 1832 年提出的著名视觉错觉（图像经维基共享资源的 CC BY-SA 3.0 授权。引自 https://commons.wikimedia.org/wiki/File:Necker_cube.svg）

图 1 是"模棱两可"的，因为没有线索可以确定立方体的哪一面在前，哪一面在后。然而，Necker（包括之前的其他人）注意到人类自然地选择了其中的一种表示方式，使之具有意义，并与自然界中立方体的图像一致。两种不同立方体的两种解释均可交替呈现，但不能同时考虑，因为这将与嵌入到大脑中预定义的概念不同。还可以根据利用感知和透视特点的 Escher 不对称图像进行考虑，这些图像主要是基于预设空间表示的假设。

这些例子表明，大脑能够根据预定义的模式来提前解释（有时是正确的）感知。在此不介绍太多细节，但该理论符合 Gestalt 概念，即指大脑可从部分解释整体，和从整体解释部分。应用到语言中，意味着一个词的意义在很大程度上取决于较大的语境，而语境本身又取决于所组成单词的含义。在大脑中可进行动态重构，这完全是自然的和无意识的⊖。

▶ 机器翻译产生的主要问题

由本章可知，自然语言处理的主要问题是存在歧义：很难确定一个单词的含义。单词的含义取决于语境，但语境的概念本身又是含糊和模糊不清的。

应该补充说明的是，确定每个单词的含义个数（通常称为词义）也是一个难题，因为在不同的字典中，词义的数量也不同：有些字典更精确，包含更精细的含义描述，而有些字典则会根据概念选择和读者意图限制每个单词的词义数量。

⊖ 广告常常具有含糊不清和双重含义（例如，在 "Trust Sleepy's, for the rest of your life" 宣传口号中，"rest" 既是指休息行为，也是指余生）。大多数人都不会立刻察觉到双重含义，这意味着人类自然倾向于选择某一种解释，甚至不考虑其他解决方案。

尽管存在上述问题，但通常还是假设为了产生高质量的翻译，必须首先对语句含义进行简明、准确的描述。随后，将机器翻译过程与文本理解的进展相关联，这将在很大程度上推动该领域的发展，正如随后内容所述。然而，这些假设也会产生问题：统计方法能够利用网络上大量的可用文本，并在无需任何预定义的字典或高级表示形式下计算语言之间的可能等效性。在随后的内容（尤其是第九～十二章）中，将讨论这些模型的精度及其避免（或集成）语义信息的程度。

▶ 自动翻译系统和人工翻译系统

机器翻译领域中一个备受争议的问题是自动翻译系统应该在多大程度上再现人类的翻译策略。换句话说，能够从观察专业翻译人员的工作中学到一些经验吗？

这又是一个难题，首先要强调的是，人们对翻译任务中所涉及的认知过程知之甚少。此外，翻译策略可能在很大程度上因人而异。显然，翻译需要超越目前所采用的简单的逐字翻译方法，但专业翻译人员是否系统地对所要翻译的语句进行过深入的句法和语义分析仍有争议。例如，很显然，专业的口译人员（进行即时语音翻译）经常是在没有听完完整句子的情况下翻译半自主词组，特别是在长语句的情况下。

这种方法可与基于统计系统的方法相媲美，后者就无需对所要翻译的语句进行深入分析，而是去辨别相关的词组。这种并行翻译方法并不完全准确，因为翻译人员总是选择语句中相对独立的词组（通常是完整的），而统计分析是提取任何固定的词组，而不太依赖于句法约束。然而，正如前面所述，统计系统非常擅长识别多词表述（复合词、习语等），根据语言精神分析法，这些甚至被人类感知为独立单元。

近期的一些实验验证了上述观点，因为即使是高级句法结构也可以对应固定模式。这些结构有时也称为"构件"（在人脑中记忆的特定句法-语义结构）或"预制件"（例如，房屋是由可快速组装以形成模块化结构的预制件所构建的）。在这种框架下，句法并不像在传统方法中那样关键：句子被看作"预制单元"的集合，或换言之，是大脑中所存储的复杂序列的集合。由此可简化分析，若该假设是正确的，大脑并不真的需要考虑每个孤立的单词，而是直接访问更高级的单元，从而降低语句理解过程中的整体歧义性和复杂性。

综上，相对于长期以来所信赖的方法，从认知角度来看，尚不能确定基于对句子完全理解和抽象表征的语际系统是最实用的方法。等详细介绍了该领域中的不同方法之后，再返回来考虑这些问题。

第三章
机器翻译发展概述

本章主要介绍自机器翻译研究领域创立以来所提出的各种方法和主要发展趋势，目的是先对该领域面临的主要挑战和演进发展有一个初步了解，然后再在随后的每章中对这些方法进行详细阐述。

▶▶ 基于规则的系统：从直接方法到语际方法

各种不同的方法和技术现已应用于机器翻译。例如，在一个翻译系统首次尝试确定待翻译内容更为抽象的表示时，可以直接（即没有中间表示）或间接地将一种语言翻译成另一种语言。这种中间表示也可以是语言无关的，从而使它能够将一个源文本直接翻译成不同的目标语言。

在一个翻译系统首次尝试确定待翻译内容更为抽象的表示时，可以直接（即没有中间表示）或间接地将一种语言翻译成另一种语言。

每个系统都是唯一的，且对翻译问题都采用了或多或少的独创性方法。然而，为了清晰和简单起见，正如关于该主题的大多数教材中所述，可将这些不同的方法可分为三大类。

1）直接翻译系统是指试图在无中间表示的情况下直接由源语言生成目标语言的翻译系统。这些系统通常是基于字典的：字典提供了逐字翻译，然后利用多少有些复杂的规则尝试重新对目标单词进行排序，以便获得尽可能接近目标语言要求的词序。在这类系统中无需进行句法分析，而重新排序规则直接应用于表现形式。

2）转换系统比直接翻译系统更复杂，这是因为它集成了某些句法分析。这样，翻译过程就能够利用句法分析组件所提供的源语句结构，从而避免了直接翻译时逐字翻译的局限性。因此，只要句法部分能够提供有关源语言和目标语言的准确信息，那么翻译结果就应比直接翻译更地道。

3）最具有发展前景的是基于语际的系统，该系统对待翻译内容进行了或多或少的形式化表示。现已对语际概念进行了广泛研究。由此产生了一些基本问题，比如，中间语言应具有多大程度的准确性才能对待翻译的语句进行合理表示？这并不是要开发一种完全人工的语言，众所周知，开发新语言系统是一项非常复杂的任务，而通常将英语作为一种中间语言，但这实际上是错误的，因为语言表示既不需要形式化，也不是语言无关的。为此，当中间语言是一种具体的自然语言时（正如前面所述，大多数情况下是英语，当然过去也曾利用过世界语和其他语言），最好是表述为"中枢语言"，或简称为"中枢"。在这种情况下，当将语言 A 翻译为语言 B 时，系统在将中枢语言翻译成目标语言 B 之前，首先会尝试将语言 A 的内容转换为中枢语言。

这三种方法可认为是逐步形成了一套连续的体系，从非常接近文本表述（逐字翻译）的策略到试图开发独立于任何语言的完全人工和抽象表示的系统。这些不同的策略可总结为一个称为"沃古瓦三角形（Vauquois triangle）"的图，它取自 20 世纪 60 年代一位法国机器翻译著名学者的名字（见图 2）。

图 2 中底部所示的直接转换（直接翻译）对应于逐字翻译。在该框架下，无需分析源文本，最简单的情况是只需一个基本的双语字典即可。当然，这种策略并不是很有效，因为每种语言都有自己的独特性，而且众所周知，逐字翻译是一种应尽量避免的糟糕策略。尽管如此，这种方法还是可以给出有关文本内容的一

些粗略信息，且当所考虑的两种语言非常接近时（相同语系、相似语法等），结果还是可以接受的。

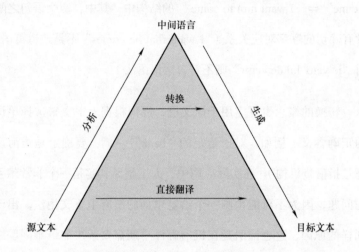

图 2　沃古瓦三角形（图像经维基共享资源的 CC BY-SA 3.0 授权）。引自 https://en.wikimedia.org/wiki/File:Direct_translation_and_transfer_translation_pyramind.svg）

研究人员从一开始就尝试开发更加复杂的策略，来应对不同的语言结构。"转换规则"的概念出现于 20 世纪 50 年代，从源语言到目标语言，需要了解如何翻译由语言单元（习语或短语）构成的词组所需的信息。虽然一个语句的结构可能变化太大，不能直接作为一个整体来考虑，但可将一个语句分成若干片段（或块），从而可利用特定规则进行翻译。例如，法语中的形容词通常是位于名词之后,而在英语中则是位于名词之前,这就可以利用转换规则来指定。更复杂的规则可应用于诸如"je veux qu'il vienne"⇔"I want him to come"的结构中,其中,两个语句之间没有确切的逐字对应关系("I want that he comes"不是地道英语,而"je veux lui de venir"则不符合法语语法)。

转换的概念也可应用于语义层,以便根据上下文来选择单词的正确含义(例如,对于给定的"bank"一词,要确定是指河岸还是指借贷机构)。在实际应用中,人工翻译其实是一个非常棘手的问题,因为不可能预测一个给定单词的所有上下文用法。出于同样的原因,这也证明是在机器翻译早期需要解决的最难问题之一。在后面的内容中将会看到,近来统计技术已经取得了令人满意的成果,这是由于通过观测大量的数据,而这正是计算机所擅长而人类不擅长的(至少是当针对问题需要提供一个明确且正式的模型时),可以精确地处理该问题。

最后,另一类系统是基于语际的概念,正如之前所述。根据定义,转换规则总是涉及两种不同的语言(即目前为止示例中所展现的从英语到法语),并由此需要针对所考虑的每一对新的语言组合进行相应的调整。中间语言的概念是指通过一种语言无关的表示来解决该问题。与转换系统相比，语际方法仍需要一个分析组件来实现从源文本到中间语言的表示，但这种表示可以直接生成几种语言。然而，从中间语言表示形式生成目标语言还需要所谓的"生成模块"，即一个能够从多少有些抽象表示的中间语言转换到不同目标语言中有效语句的模块。

语际系统具有很好的发展前景，这是因为这种系统需要完全理解待翻译的语句，并准确地生成语句构件，才能在不同目标语言中产生有效的语句。此外，从第二章已知，理解文本在很大程度上是一个抽象的概念。"理解"是什么含义呢？需要哪些信息才能进行翻译呢？在该领域的研究现状下，多大程度上才能形成标准的理解过程？因此，尽管有一些活跃的研究团队进行了多年的研究，但语际系统从未大规模部署实现过。这一问题太复杂了，理解文本可能意味着需要无限多种表示和推理信息，这必然是极具挑战性的，并已超出目前最先进的技术水平。

▶ 统计机器翻译系统的变革

前面所介绍的机器翻译系统分类受到自 20 世纪 90 年代初以来所出现的新方法的挑战。大量可用的文本，尤其是在互联网上，以及计算机性能的飞速发展已使得该领域发生了颠覆性的变革。

目前大多数业内的机器翻译系统，尤其是最主流的机器翻译系统（如Google翻译、Bing翻译）都是基于一种统计方法，而这种方法并不完全符合上述分类。这些系统并不主要是基于大型双语词典和人为设定的规则集。第一个统计翻译系统采用了一种直接翻译方法，这是因为该系统试图通过直接观察大量的双语数据（最初来自专门的国际机构，现在大部分是来自网络）来发现两种不同语言之间的单词等效性。

目前，统计方法已相当精确。不再是处理孤立的单词，而是能够识别需要整体翻译的单词序列（如复合词、习语、常规表示或固定词序）。最新方法甚至可以在语句层面直接解决该问题。值得注意的是，这些系统具有人类通常无法直接获取的其自身内部表示方法。因此，有必要分析这些表示的特性：在多大程度上能够呈现语义信息？能够在这种方法和人类处理语言的方式之间找到一些相似点吗？

这些系统的成功之处在于能够基于纯粹的统计分析找出语言之间的常规等效关系，而且能够或多或少掌握文本中的固定词序。正如前面所述，由于单词含义不是正式定义的，而是对应于单词的具体用法，因此纯粹的统计方法在确定使用规则和特定上下文方面非常有效。然而，在很长一段时间内（在目前大多数在线翻译系统中），等效性只是在局部计算而得的，并且涉及经常重叠的文本片段。主要难点是需要明确所有这些片段和等效性，然后，统计系统必须处理大量文本片段，才能生成格式正确的语句。这些片段或许会因提供相互矛盾的信息而不完全兼容。这个任务就相当于用一组10块不同的拼图来组成一个完整拼图一样。在第十二章中，将会简要介绍基于深度学习的最新方法，它是一种全新且完全不同的方法，它试图直接在语句层面来解决该问题。因此，深度学习的方法有可能会给出更加精确的结果。

▸▸ 发展历史快速回顾

机器翻译的发展历史可概括如下：

- 直到20世纪40年代，一些研究人员才开始思考自动翻译的问题，但这些开创性的研究并未得到重视，因为当时无法进行实际开发和测试。

- 从20世纪40年代到60年代中期，随着第一代计算机的出现，一些研究小组开发了可操作的机器翻译系统。这期间对于该领域的发展期望很高。尽管所采用的方法相对比较简单，但一些研究人员已设想了较为基本的方法，其中一些是具有开创性的方法，在多年后又重新得到了深入研究。

- 1965~1966年，美国基金机构资助的ALPAC报告对该领域的发展产生了深远影响。报告的结论是全面否定意见，认为当时的研究都是错误和无用的。随后，这方面的基金项目大幅减少。然而，值得注意的是，该报告还强调了需要结合计算机和语言学来开展更多的基础研究，以期在文本理解（是自动语义分析和解析的基础）方面取得更多进展。

- 接下来的几十年，直到20世纪80年代末，机器翻译方面的研究成果都很少，尤其是欧美国家。在此期间，在欧洲和其他国家出现了新的学术组织。另一方面，针对语音和文本的计算语言学的研究在同时期得到了蓬勃发展。正如1966年的ALPAC报告所展望的，20世纪六七十年代，在解析（自动语法分析）、语义和文本理解方面还是取得了重大进展（见第五章）。

- 20世纪90年代，人们提出了一种基于统计学和海量双语语料库的新方法。这一发展趋势显然是来源于80年代末

90年代初IBM公司的一个研究小组所发表的一系列具有开创性的论文。随着统计学和经验法在自然语言处理中的发展，这些论文产生了巨大影响。目前最流行的翻译系统（如Google翻译和Bing翻译）都是基于这种方法的一些改进。

- 近年来，网络上对自动翻译的需求日益增加，这也使得机器翻译在经过几十年的积累后重新恢复了计算语言学领域的核心地位。自2015年以来，基于深度学习的新方法也对该领域产生了翻天覆地的变革。

接下来，需要详细分析这些不同的发展阶段，以便更好地理解这些方法及其存在的主要挑战，以及各个翻译系统的局限性。

第四章
计算机出现之前

机器翻译与计算机的发展密切相关,从而让科学家们设想能够创建一个全自动的翻译过程。同时,不应忘记,在很早以前,也有哲学、宗教和学术界的人士针对自动翻译的可能性进行过许多预测和思索,这对于机器翻译领域的发展非常重要。最终,在20世纪上半叶诞生了机器翻译的原型设计,预示了自20世纪50年代以来所开发的一些系统。

▶ 通用语言问题

从历史悠久且发展相关的传统角度来看,机器翻译需要一种通用语言。如果存在这样一种语言,将会因其具有通用性而不再需要进行翻译。从更现实的角度而言,可以想象存在一种人工语言,能够实现在现有语言之间的翻译。毫无疑问,这是机器翻译的一个关键问题。各研究团队早已探讨过通用语言这一想法,基于这一想法所开发的系统通常称为"中间语言",正如第三章所述。

▸ 历史悠久的传统

在西方传说中,远古人通常都是讲亚当语,即在巴别塔故事之前人类所使用的一种假设性通用原始母语。这引起了莱布尼兹(Leibniz)的极大兴趣,即使他也属于最先摒弃这一传说的那部分人,因为他认为不可能从现代语言中重新发现这种亚当语。然而,为了解决各种问题,如道德、法律或哲学难题,他发起了一个旨在消除语言歧义的项目,目的是定义一种不再假定任何亚当语的新的人工语言(Leibniz,1951)。

在这方面,笛卡儿(Descartes)与莱布尼兹经常同时被提起,因为他也对通用语言的概念及其与现有语言的关系非常感兴趣。下面来看关于建议采用通用语言的一段话:"如果 [someone] 在 [his] 的字典中加入一个与 aymer、amare、philein 以及每个同义词相对应的符号,那么所有拥有这部字典的人就都可以翻译使用这些符号所写的书"（笛卡儿，1629年11月20日写给Mersenne的信[1]）。这段话极大地启发了从事机器翻译的先驱，因为笛卡儿的提议目的是用明确的代码来替换单词（"符号"对应于与所考虑语言无关的数值代码，在笛卡儿的提议中是用符号替换单词）。

随着这些建议的提出，17世纪末在欧洲出现了一些开发"数值字典"的尝试。数值字典是一部特定数字（标识符）与每个单词或概念相关联的字典。曾经进行过尝试的学者包括1657年的Cave Beck、1661年的Johann Joachim Becher、1663年的Athanasius Kircher 和1668年的John Wilkins。Hutchins[2] 提到的Becher字典于1962年在德国重新出版为《关于机械翻译：来自1661年的编码尝试》[3]。另外，值得一提的是法国的Joseph de Maimieux（1797年发明了通用书写符号，这是一种写作风格或通用符号系统）和在1811年开发了数值字典系统的Arman-Charles-Daniel de Firmas-Périés。数值字典主要应用于信息的编码和解码，且基本上是用于军事。

---

[1] 在Descartes和Mersenne的通信中谈到这一问题，Descartes解释了该问题，并阐述了这种发明所带来的好处。
[2] Hutchins，1986年，第2章（"先行者与先驱"）。
[3] 书名原文 为《Zur mechanischen Sprachübersetzung : ein Programmierung Versuch aus dem Jahre 1661》。

然而，重要的是看到了这些原创性作为机器翻译的直接动力。莱布尼兹和笛卡儿方法的本质是解决哲学、逻辑和道德问题。虽然他们在著作中都谈到了语言和翻译的问题，但他们的研究并不支持自动翻译的思想（尽管 Mersenne 和笛卡儿的通信经常被认为是翻译相关的主题）。莱布尼兹和笛卡儿的工作以及随后出现的编码系统都是各种研究人员的灵感来源（并且经常在从事机器翻译的先驱所写的著作中被引用），但是这些似乎从未真正用于实际系统的开发。

▶ 人工语言

通用语言的概念促使了人工语言的产生，其中最著名的是 Volapuk 语和世界语。Volapuk 语是 1879 年由 Johann Martin Schleyer（1831—1912）发明的一种人工语言，而世界语是由 Ludwik Lejzer Zamenhof（1859—1917）发明的，以促进具有不同母语的人们之间进行交流。1887 年，Zamenhof 以 Doktoro Esperanto（"希望博士"）的笔名推出了名为 Lingvo Internacia（国际语言）的项目，随后该语言得以流行。所有这些项目都是在 19 世纪末出现的，目的是促进人们之间的贸易和合作。

人工语言不仅仅是实际应用于自动翻译系统的资源,更是一种灵感来源。

尽管这些项目都产生了相对先进的词汇和语法系统，但仍不能真正用于机器翻译。20 世纪 80 年代，世界语被用于欧洲分布式翻译语言项目和日本富士通公司，但这两个项目都未能完成。因此，人工语言不仅仅是实际应用于自动翻译系统的资源，更是一种灵感源泉。原因之一可能是世界语仍是一种为人类设计的语言（世界语本身就是基于各种现有的欧洲语言）：不具备可直接由计算机处理的语言特性。在 20 世纪 90 年代，通用网络语言项目旨在开发一种可供计算机直接使用的人工语言，但迄今为止还很少使用。

▶ 第二次世界大战期间机器翻译系统的发展

在 20 世纪 30 年代，两名研究人员设计了面向多语言字典和半自动翻译的机械系统（更多信息请参阅 Hutchins，2004）。

▶ Artsrouni 机械大脑

第一次尝试是来自亚美尼亚裔法国工程师 Georges Artsrouni 的研究，他在 1922 年移居法国之前在俄罗斯完成了学业。1933 年 7 月，申请了"机械大脑"的专利：与其说是现代计算机的前身，不如说是一种自动存储和检索各种信息的机器。他构建了两个原型机（1932~1935 年）并在公开展览中引起了极大关注。一台原型机甚至在 1937 年的巴黎世界博览会上获得了"大奖"（虽构建了另一台原型机，但未完成。现存的两台模型保存在巴黎艺术博物馆）。

20 世纪 30 年代后期，处理大量信息的各种组织机构对这台机器产生了极大兴趣（在其专利中，Artsrouni 提到这台机器可以自动查询铁路时刻表、电话簿和字典中的单词）。然而，第二次世界大战阻止了这些合同的成功签订。最后，二战以后计算机的出现显得这些纯机械机器过时了。

Artsrouni 的系统并不是专用于翻译，尽管他从一开始就强调该领域是最有前途的领域之一。机器可以在简单的纸带上记录不同语言的语言数据（即简单的单词）。根据穿孔卡片的原理，由于纸带上有一组穿孔，那么每个单词都可以独特的方式进行编码。键盘用于告知机器所要寻找的单词，然后机器就可以自动从编码条中找到相应的翻译。

Artsrouni 未能继续深入研究该系统。他不是语言学家，从未解决过机器翻译的难题，但他的履历显然表明他是最早发明一种基于多语言字典的全自动化系统的人之一。他还提到了这台机器相当现实的用途，例如，用省略文体书写的电报，非常适合于逐字翻译。Artsrouni 还计划用该机器直接存储更复杂的语言单元，如复合词：唯一的局限性是编码数据所需的时间和精力。

▶Smirnov-Trojanskij 辅助翻译环境

Petr Petrovitch Smirnov-Trojanskij（1894—1950）是俄罗斯的一名教授，针对一台可选择和编码用于多种语言之间进行单词翻译的机器申请了专利。这台机器可能从未开发出原型机。

Smirnov-Trojanskij 发明了一种在某种程度上与 Artsrouni 机器非常相似的工作空间：一种对机器指定单词的机制，然后，利用该机制能够实现各种现有语言的翻译。与 Artsrouni 开发的机器不同，Smirnov-Trojanskij 的发明只针对翻译用途。

Smirnov-Trojanskij 的发明之所以引人注目，是因为它超越了单词及其翻译的简单编码。他设想了一个由 200 个原语组成的系统，这些原语能够表示一个语句中的单词功能，以便生成目标语言的正确翻译（Smirnov-Trojanskij 主要关注俄语，其中名词和形容词通过屈折变化来反映其在语句中的功能）。分析者必须明确要翻译的词是主语还是宾语、动词是现在时还是将来时等。然后，交给机器来选择翻译所需的正确词形。

该发明重点在于工作空间，而不是简单的装置：Smirnov-Trojanskij 的系统设计成译者可以在装置的帮助下先简单地在单词层面查找翻译元素的一种方式。然后，专业的文本编辑或译者在最后阶段介入，从文体的角度进行文本编辑并进行校正。尽管在文献中没有详细描述机器翻译的困难，但这个项目的特点在于 Trojanskij 设想了一个用于辅助翻译的环境，而不是一个全自动的翻译过程。在后面的内容中将会看到，自动翻译的质量仍是一个主要问题，以及如何通过人工编辑来有效地校正机器翻译结果。

值得注意的是，尽管上述思想很有建设意义，但这两位发明家却一直被忽视。Artsrouni 的系统在二战后没有继续发展，因为，很明显，未来将主要取决于电子机器（比机械机器的功能强大得多）。Smirnov-Trojanskij 的工作环境（未能提出一种操作系统）也在很大程度上被支持全自动翻译系统的人所忽视。

第五章
机器翻译的开端：第一个基于规则的系统

二战后出现了第一台计算机，机器翻译也随之被认为是其一项重要应用。一般，可根据以下因素来解释人们对机器翻译的强烈需求：首先，实际应用的迫切需求（即在冷战背景下，需要自动翻译外文情报资料）；其次，理论性问题的实际需求（即语言究竟是如何工作的）。此外，在战争期间，密码学领域的快速发展也提供了一种可行性解决方案：外文文档是不是可看作需要翻译成可理解语言的加密文本？然而，这一领域的先行实践者很快就面临着第一代计算机所具有的局限性。在此情况下，研究人员提出了一种基于双语字典和转换规则的实用方法，使得根据目标语言的具体情况来改变词序成为可能。

这些系统可能会包含数千条规则，因此非常复杂而导致很难维护。但这种称为基于规则的方法几十年来一直占据主导地位，直至今日，仍受重视。

▶ 先驱者

在机器翻译领域，最早的相关研究出现在英国，首先，Andrew Booth 主要关注数据存储，然后与美国的 Warren Weaver 合作，后者通过其开创性的备忘录给出了机器翻译的大概策略。

▶ 早期实验

20 世纪 40 年代末，来自伦敦大学伯克贝克学院（Birkbeck College）的 Andrew Booth 对语言的自动处理特别感兴趣。由于当时第一台计算机才刚刚出现，因此他的想法纯粹是理论上的。伯克贝克学院的实验室是数据存储和访问方面的一个重要研究中心。由于早期计算机的存储容量很小，几十年来，电子词典的大小一直是一个严峻问题。另外，Booth 还进一步研究了机器翻译和语音识别。

为了限制词典中的条目数量（例如，在一本标准词典中，只记录动词的不定式而不是所有屈折形式），Booth 对形态学也进行了深入研究。他所提出的算法只搜索字符序列：如果一个单词未知，即如果这个单词没有被收录在词典中，系统将从单词末尾开始逐一移除字母，从而最终找到已知的单词形式（例如，从"running"到"run"）。尽管这看似很简单，但该技术对于英语而言效果很好，现在还在使用，尤其是用于搜索引擎。这种称为"词干"的技术能够在无需进行高级形态学分析的条件下得到单词的伪词根。Martin Porter 在 1980 年将该技术引入搜索引擎，因此，该技术现在称为"Porter stemming 算法"。

这项研究在一定程度上是 Artsrouni 和 Trojanskij 关于如何使用机械方法存储多语言词典工作的延续。Booth 通过添加搜索算法对早期的尝试进行了改进，为后来针对字典存储和管理的研究打下了基础。另外，还与 Richard H.Richens 一起创建了基于双语词典的逐字翻译系统。这些都是实现自动翻译全局方法的第一步，但很快就被认为过于简单，尤其是 Weaver。

▶Weaver 的备忘录

Warren Weaver无疑是机器翻译（以及更一般的自然语言处理）

之父。与 Claude Shannon 一样，他也是 1949 年出版的《通信数学模型》(A Mathematical Model of Communication) 一书的作者。他的方法非常通用，因此可适用于许多场合。

在 Weaver 和 Shannon 的模型中，信息首先在消息源进行编码（可以由人或机器完成）、发送，然后由接收机解码。例如，信息可以用莫尔斯码进行编码，通过无线电传播，然后解码，以便人类能够理解。该模型是密码学的基础（编码、传输，然后对信息进行解码），但通常也可以应用于通信：为了分享一个想法，必须进行"编码"，即"用语言表示"，然后传输给听众，听众随后必须"解码"信息来理解其含义。翻译也是同样的道理，可看作是对给定文本进行解码（文本认为是用未知的语言"编码"：为了便于理解，必须进行翻译。也就是说，用目标语言进行解码）。

从 1947 年开始，Weaver 与控制论专家 Norbert Wiener 就机器翻译问题进行了沟通。他认为翻译可看作是一个"解码"问题：

人们自然很好奇翻译问题究竟是否可以被看作密码学中的一

个问题。当我在看一篇俄语文章时,我说:"这其实是用英语写的,但用一些奇怪的符号进行了编码。现在我需要进行解码。"㊀

Wiener 认为,自动翻译是不可能直接实现的,因为语言是由大量的单词构成,这些词要么太模糊要么太模棱两可(换言之,不能通过在单词层面上简单而直接地等效假设来进行翻译)。他写道:

对于机械翻译问题,坦率地说,我认为不同语言中的单词边界过于模糊…,以至于对任何准机械的翻译机制都不抱希望。㊁

Wiener 的"单词边界"概念是指一个单词至少有两种含义,如法语中的"avocat",在相应的英语译文中至少有两种可能:"avocado"或"lawyer"。这种情况绝非例外,事实上在语言中是普遍存在的,因为大多数单词都有多种含义,且在每种给定的语言中单词的含义也是不同的(此外,注意到在任何情况下"avocat"一词总是指一个从事法律的人,即等同于"lawyer",但相反,"lawyer"一词并不总是等同于"avocat":该词也可以指其他类型的法官!)。因此,Wiener 认为在一个给定的语言中确定一

㊀ Weaver 给 Wiener 的信,1947 年 3 月 4 日。
㊁ Wiener 给 Weaver 的回信,1947 年 4 月 30 日。

个词的含义及其可能存在的翻译结果似乎是一个不可逾越的难题，这是因为会涉及需处理数万个"词义"对，以及在上下文中有效确定每个词的含义。而当时的计算机只具有非常有限的计算性能和存储容量。

尽管 Wiener 对此表示质疑，但 Weaver 还是坚持他的观点，并在 1949 年发表了一份简要的文章来阐述他对这一问题的基本想法。其中他特意提到单词常常是模棱两可的，其具体含义需取决于上下文，且逐字翻译并不能产生高质量的翻译结果（Weaver 还对 Booth 的研究进行了回应，结果他意识到了逐字翻译的局限性）。虽然 Weaver 的意见并没有完全被忽视，但仍在很大程度上被否定了，这对未来发展产生了巨大影响。

Weaver 的文章题目是"Translation"，通常被认为是机器翻译领域的起点。这份备忘录极具影响力，不仅是因为 Weaver 在其中提出了当时非常有创新性的思想，还因为他与一个资助该研究的组织关系密切㊀。他在科学界的影响力与其在政治上的一样深远。

㊀ Weaver 在洛克菲勒基金会工作，负责启动新的研究项目。

第五章　机器翻译的开端：第一个基于规则的系统

Weaver 提出了四项具体原则，以避免出现逐字翻译存在的错误：

1）分析单词的上下文，就有可能确定其确切含义。所考虑的上下文长短应根据单词的特性而变化（Weaver 声称只需消除一些名词、动词和形容词的歧义），另外如果已知待翻译文本的主题和类型，也可能会根据这些元素的不同而改变。

2）要解决机器翻译问题，应确定一套逻辑和递归规则，他写道："书面语言是一种逻辑特性的表示"。根据 Weaver 的观点，这排除了"语言中的逻辑因素"，如"文本风格的直观感觉、情感内容等"，但机器翻译在很大程度上仍看作是一个逻辑推理问题。

3）Shannon 的通信模型可为机器翻译提供有用的方法，因为这已被证明对于"解决几乎所有密码问题"都是非常有效的。用 Weaver 的话说："可以说一本中文书就是一本经过中文编码的英文书"。

4）语言可以用有助于翻译过程的通用元素来描述。与其直接从中文翻译成阿拉伯语或从俄语翻译成葡萄牙语，还不如寻找一

种更通用、更抽象的表示方式，以避免由于逐字翻译或存在歧义而造成一些错误。○

上述每一点都值得认真思考，因为 Weaver 的建议直至今日仍在不断被探索。其中第一条原则就强调了大多数歧义都可以通过查看相近的上下文来解决，这是目前仍在使用的方法。虽然这不足以解决所有的歧义问题，但能够解决其中的大多数问题。然而，该备忘录还是低估了歧义问题。Weaver 写道："此外，歧义虽然主要是与名词、动词和形容词有关，但实际上（至少我想是这样）只是与相对较少的名词、动词和形容词有关"。现在已知，歧义是自然语言处理中最普遍的问题，并且几乎与所有类型的单词均有关，这就使得歧义问题比最初想象的要严重得多。

○ "因此，从汉语翻译成阿拉伯语，或从俄语翻译成葡萄牙语的方法并不是直接实现，就好比从一座高塔向另一种高塔呼叫那样。或许是先从每一种语言降为人类交流的共同基础，这是一种确实存在但尚未发现的通用语言，然后再通过任何便捷的特定路径重新表现。"（Weaver，"翻译"，1955，23）

歧义是自然语言处理中最普遍的问题,并且几乎与所有类型的单词均有关,这就使得歧义问题比最初想象的要严重得多。

第二条原则是认为翻译是一种基于逻辑的工作，这对用于分析人工语言（特别是编程语言）和自然语言的形式化语法的概念产生了深远的影响。

第三条原则着重于与密码学相比较，由于战争原因，密码学是当时一个非常热门的研究领域。该原则强调了语言的统计特性以及认为计算机能够辅助解决许多难以处理的问题，尤其是在语义方面。在随后的几十年中，人们见证了语言处理中逻辑方法的快速发展，并认为统计通常过于简单，甚至对该问题毫无用处。在 20 世纪 90 年代，统计方法在自然语言处理中的复兴表明 Weaver 当时的建议是多么正确，但是这种方法需要大量的数据，这也是这一建议之前没有受到重视的原因。

最后一条原则促使了许多研究项目的产生，旨在开发语际表示、解释语句的语义内容和消除每种语言的特殊性。

Weaver 在备忘录中多次提到，他的观点只是反映了其个人想法，而不代表语言学家的看法（"我十分担心在此所提出的想法可能太天真"）。他认为这些建议可能很天真，但同时也是令人深思的问题，应由这方面的专家来审定。然而，事实上，备忘录是非常具有远见的，这也是其具有卓越意义的原因。它突出强调了后来几十年来在符号方法（即需要精确的语义表示或形式规则）和统计方法（即在解决歧义问题方面，统计方法比符号规则功能更强大）方面进行不断探索的思想。

但是，这些技术的实现需要付出超出机器翻译先驱们所想象的更多努力。特别是自然语言固有的模糊性表明，传统的加密模型不足以反映自动翻译的复杂性。

▶ 机器翻译的真正开端（1950~1960年）

Weaver 的备忘录及其所开启的研究视角，以及他与资助机构的密切关系，是推动机器翻译领域研究获得快速发展的动力。

▶ 早期

在 20 世纪 50 年代早期，一些研究人员开始对机器翻译产生浓厚兴趣，这在当时似乎是一个非常实用的逻辑应用。正如之前所述，两种因素起着决定性作用：①按照 Weaver 的思想，在密码学所取得的研究成果为被看作编码/解码问题的机器翻译提供了坚实基础；②冷战背景也强化了翻译的必要性，尤其是在西方世界，需要从俄语翻译成英语。

在此背景下，一位以色列的研究人员 Joshua Bar-Hillel，在 20 世纪 50 年代美国机器翻译的发展中发挥了重要作用。Bar-Hillel 于 1951~1953 年在 MIT 工作了两年，在 Rudolf Carnap 团队任博士后研究员。早在 40 年代，Bar-Hillel 在以色列完成学业论文时就与 Carnap 取得了联系。Carnap 是后来加入美国国籍的德国博士，他提出了一种"语言的逻辑语法"，这为自然语言的逻辑形式化奠定了基础。

然后，Bar-Hillel 自然地对机器翻译产生了兴趣。他很快成为这一领域的重要人物，并得到资助来访问美国的一些重点实验室（当时正在组建研究团队，但都分散在美国各大学中）。回到 MIT 后，Bar-Hillel 发表了一篇论文，指出了该领域的研究热点，同时也强调了困难性（该文章在某些方面回应了几年前 Wiener 和 Weaver 之间的对话内容）。紧接着，他于 1952 年 6 月在 MIT 组织了机器翻译领域的第一次会议。

从事该领域研究的主要人员都参加了 MIT 的会议。与会者都积极发言，并强调由于机器翻译需要大量人力，尤其是当时计算机成本非常高，需要投入大量研究经费。为了促进机器翻译的发展，来自 Georgetown 大学（机器翻译领域的主要研究中心和代表性机构）的代表建议尽快组织一次演示，来展示该项目的可行性并吸引研究资金。

1954 年，Georgetown 大学的研究团队与 IBM 公司一起进行了双方联合开发的第一个机器翻译系统的首次演示。该系统利用一个相对简单的字典（仅包含 250 个单词和 6 条语法规则的字典）将一组 49 个俄文语句翻译成英语。这次演示的影响相当大，并促成了用于机器翻译研究的经费支持。另外，媒体对这一事件的广泛报道也吸引了公众的强烈关注。

美国基金机构逐渐开始资助一些致力于机器翻译研究的团队，主要是美国和英国的一些研究团队。1954 年的演示也引起了当时苏联和一些苏联研究团队的高度关注，这些研究团队从 1955 年也开始涉足这一领域。机器翻译研究领域通过定期举办会议和成立专业期刊《机械翻译》（Mechanical Translation），1964 年首次发刊而正式形成。

▶▶ 第一个基于规则的系统的发展：Turmoil 和 Enthusiasm

当时，大多数研究团队使用计算机的机会非常有限，毕竟计算机当时尚未普及。实际上，大多数工作仍然是以理论性研究为主，虽然提出了"机械化"翻译过程的方法，但从未付诸实践。

从原理上，主要开展了两种研究路线。第一种是"实用性"路线，旨在快速产生结果，即使这些结果并不完美。这些系统基本上是基于直接翻译的方法：首先根据双语词典提供逐字翻译，然后应用重新排序规则来调整目标语言的词序。也就是说，首先利用词典来找到单词之间的等效关系，然后使用基本的重新排序规则来应对具体情况，如法语中的名词-形容词短语必须翻译成英语中的形容词-名词形式（"voiture rouge" → "red car"）。

与此同时，主张偏理论性的方法强调了直接方法的局限性。然后，提出了许多方法来实现在翻译过程之前对源文本的深入分析，并开发语法或语义层（不仅仅是在单词层）的转换规则。在这方面，形式语法概念在20世纪50年代开始显现，主要是Noam Chomsky的相关研究工作。一些研究中心还开始关注中枢语言（即将一种特定语言作为源语言和目标语言中间表示的方法），甚至是语际语言（即一种提供待翻译语句抽象表示的人工语言）的思想。上述两种情况下，这些方法都是将翻译所需的所有必要信息均编码到一个特定表示模型中。因此，中间语言是一种与任何现有语言无关的人工语言，而中枢语言则是使用现有语言（通常是英语）来进行表示的。

一些研究小组（例如，在华盛顿、哈佛和兰德公司的研究团队）都致力于利用人工或借助对特定语料库的统计分析来开发大型双语字典（俄语-英语），这有助于确保首先处理使用频率最高或最重要的单词。多义词（事实上一个单词可以有多种含义，如"bank"可以指金融机构或河岸[⊖]）从一开始就是需要解决的主要问题之一。最简单的方法是在字典中只收录最期望的含义。虽然这样可以解决问题，但显然太极端了。因此，直接方法的结果（没有语义消歧过程）不能令人满意。如果读者不熟悉目标语言，或只是通过提供语言之间的固定对等性来作为基本的"翻译记忆单元"[⊖]，所提供的翻译片段即使很不完美，但也是可用的。

为了解决歧义问题，许多研究团队逐渐丰富了电子词典的内容。例如，华盛顿大学对单词添加了上下文信息，这样就可在没有完整语法分析的情况下解决歧义问题。另外，还可按领域划分

⊖ 大多数单词都可以属于某几个类别，如单词"bank"，可以是名词或动词，这也是自动翻译系统中的一个重要问题。对于一个给定语句，进行正确分析至少需要能够正确地识别出主要动词，因为是由动词构成整个语句的。但这对于计算机而言并不是一项简单的任务！

⊖ 翻译记忆单元是一个包含之前所翻译文本片段的数据库，可以帮助专业翻译人员快速找到等效词，同时确保更地道更一致的翻译。

词汇（意思是"bank"在金融语料库和环境语料库中的含义可能不同，或明显的统计差异也有助于消除歧义）以及逐步增加多词表示（以避免因简单单词而产生歧义）。这种方法有时看似是具有特定假设条件的，但应该注意的是，当前技术与20世纪50年代确定的策略仍有很大的相似之处：局部分析通常就足以确定单词类别，甚至其含义。存储多词表示并考虑上下文环境确实有助于大大减少歧义问题："检测每一个语句"甚至成为20世纪90年代的流行口号。

同时，正如所述，关于句法分析的更基础性工作，即语句的自动语法分析也开始出现。Chomsky独立开展的语法分析研究直到20世纪60年代才对机器翻译产生重大影响。然而，对源语言进行形式化分析逐渐成为主流思想。50年代，一些研究团队积极开发了这种机器翻译策略。需要注意的是，在当时，对语言的形式化分析既是针对程序设计语言（即人工语言）的，也是针对自然语言的。因此，不言而喻，由于自然语言处理最终与编程语言关系不大，对于自然语言中的歧义问题仍必须设计非常具体的策略。随后，定义了第一种特定的形式化分析：是从低级信息（词类、形态语法特征）到高级信息（词的含义及其可能的上下文）进行"分层"（采用定义了"分层语法"的Sydney Lamb所创建的表示方式）。这些开创性研究非常有价值和参考意义。许多研究团队认识到了这项任务的艰巨性，尤其是 50 年代初 Wiener 和 Bar-Hillel 就预料到的"语义障碍"问题（参见前面所述）。

▶ 美国之外的研究

在继续分析下一个发展时期之前，必须讨论美国之外的研究进展。自 20 世纪 50 年代中期以来，剑桥大学的语言研究小组得到了美国的资助，并开发了称为 NUDE 的第一代语际系统。根据设计者 Richard Richens 的思想，NUDE 是一个"记号性中间语言…被构造成用于表示脱离所有词汇和语法特征的任何基本 [源语言] 段落的思想，为此称为裸语言（Nude）"（Richens，1956，引自 Sparck Jones，2000）。NUDE 中间语言旨在通过一组通用原语来定义每个单词（根据所考虑的自然语言，以各种方式表示复杂思想的核心含义）。但该方法仍难以实现，且似乎与语法的联系不佳（因此不清楚如何从实际文本中产生 NUDE 表示）。尽管如此，这种方法的思想仍然很重要，因为它开辟了一种新的研究思路，并推广了通用语义原语的概念，这种概念是在世界各地的许多语言学理论中都会介绍的。更一般地说，剑桥大学研究团队率先开发了语义资源（词格）和相关技术，这些技术在几年后又部分重新用于语义消歧（即根据上下文选择歧义词的含义）。当然，并没有对今天仍存在很大争议的问题给出明确答案，但在当时主要关注语法的时代，在语义学研究中这是一个具有影响力的团队。

在 20 世纪 50 年代末，出现了一些从事机器翻译的其他研究团队，例如，1956 年的日本和 1957 年的中国。在法国，从 50 年代末开始，开始关注这个问题，随后，法国国家科学研究中心（CNRS）分别在巴黎和 Grenoble 建立了两个研究中心。对机器翻译的关注是与在法国的大学中心建立第一代计算机同步的，因此，这也是法国计算机科学的真正开端。这两个研究中心称为贸易自动化中心（CETA）：CETAP 位于巴黎，CETAG 位于 Grenoble。巴黎研究中心很早就遇到了财政问题，而不得不承受同样在美国出现的对机器翻译的诟病。事实上，在该中心关闭几年后，一些研究人员，如 Maurice Gross，转向计算语言学研究，主张首先需要开发丰富的语言资源来提供对语言广泛而系统的描述。Grenoble 研究中心一直延续到今天，并提出了一种原创的语际方法。为此，在 Grenoble 领导 CETAG 研究中心并提出一些建设性想法的 Bernard Vauquois 在 1985 年去世之前一直都是该领域的重要人物之一，尽管那时机器翻译不再是世界上其他国家的主流研究方向。

最后，简单介绍一下苏联同时期的研究。1954 年 Georgetown-IBM 公司的演示给苏联留下了深刻印象，并立即决定开展这方面的研究。一些团队迅速开始机器翻译问题的研究，主要是在莫斯科，也有一些是在列宁格勒和其他联盟国家。1958 年在莫斯科举办了第一届机器翻译大会，吸引了来自 79 个不同机构的大约 340 名与会者参加。和美国一样，这些方法也是各种各样，但由于计算机的缺乏，大多数研究也只是停留在理论上。少数有幸利用计算机的团队基本上都是开发基于双语词典的经验性和直接性方法。同时，许多理论研究为自动语法分析和语义信息编码提供了具体策略。从这一时期开始的语言学理论至今仍有大量拥趸。特别是 Igor Mel'čuk 和 Yuri Aprcsjan 的工作在今天已是广为人知，尤其是 Mel'čuk 在 20 世纪 70 年代末定居加拿大之后。

▶▶ 觉醒期（1960~1964 年）

20 世纪 50 年代末期，人们首次对作为自动化过程结果而获得正确翻译的可行性甚至可能性表示怀疑。

▶Bar-Hillel 的批评

Bar-Hillel 在 1953 年博士后出站后返回以色列，几年后回到美国寻找新的研究机会（1958~1960）。1958 年 9 月，在美国访问期间，他向 Namur 大学提交了一篇题为《机器翻译的一些语言障碍》（Some linguistic obstacles to machine translation）的论文。在文章中，Bar-Hillel 列出了一些他认为是机器翻译基本问题的语言学问题，因为当时没有任何系统能够解决这些问题。他认为当时的模型过于简单，需要用更好的解释待分析语句结构的模型来替代㊀。此外，根据 Bar-Hillel 的思想，用于进行语种相距甚远的语言之间翻译所需的转换规则必须是非常复杂的，并且需要尚未提出的形式化理论。在 Namur 会议之后，Bar-Hillel 继续他的美国之旅，以评估在机器翻译领域的研究。

在美国，他代表美国海军研究办公室起草了著名的技术报告《关于美国和英国机器翻译现状的报告》（Report on the State of Machine Translation in the United States and Great Britain），1959 年 2 月。该报告在没有考虑到该领域非常短暂的研究历史情况下（大多数研究团队才成立了几年），对正在进行的研究工作给出了极其

㊀ "模型太粗糙，必须用更复杂、更适合语言结构的模型来代替"（Bar-Hillel, 1959，附录Ⅱ, p.8）。

消极的评估。在报告中按名称列出了所有研究团队并给予了严厉批评。

实际上，Bar-Hillel 指出，一方面翻译需要对文本进行完整的语法分析，这在当时参与该领域的所有团队的研究工作中都并未明确体现。另一方面，翻译需要解决语义歧义，这种歧义超出了当时的最新技术，直到研究中期都看来是不可能的。报告的附录中有一个值得回味的题目《完全自动化且高质量的机器翻译不可行证明》(A demonstration of the non-feasibility of fully all tomatic, high-quality translation)，见 Bar-Hillel（1958 年和 1959 年），意在表明一些单词的模糊含义无法确定（即使考虑到上下文），这足以导致无法实现高质量机器翻译的目标。Bar-Hillel 列举了以下著名例子：

"小约翰正在找他的玩具盒。最后，他找到了它。盒子在围栏里。约翰非常高兴。"

为了正确理解上面的语句，必须知道"pen"一词是指小孩玩耍的小围栏，而不是指书写工具。然而，在上下文中，没有任何信息能够使读者推断出"pen"的这种含义，毕竟这比书写工具的用法要少见得多。根据 Bar-Hillel 的观点，这样的例子可以表明任何系统都不可能解决这类问题，而他认为这种情况会经常发生。因此，不可能在短期或中期内实现完全自动化、高质量的翻译（FAHQT，即全自动高质量翻译。也可写为 FAHQMT，即全自动高质量机器翻译）。

  Bar-Hillel 建议研究人员转向计算机辅助翻译系统，而不是自动翻译，计算机辅助翻译系统是一个相对不同的项目，显然从科学角度来说，不如完全自动翻译系统的想法更令人兴奋。Bar-Hillel 呼吁开发翻译辅助工具，通过提供合适且有效的工具，特别是用于预编辑和后编辑阶段（准备翻译文本、校正翻译错误），将会极大地提高译者的效率。既然目的是帮助翻译人员，那么系统输出就必须与传统机器翻译系统不同：例如，通常最好是向译者提供翻译建议，而不是直接生成文本，因为后者是很难校正的。

▶ 讨论

  正如前面所述，在 20 世纪 50 年代，机器翻译取得了飞跃发展，随后解决了对机器翻译可行性的第一个质疑。

  Bar-Hillel 的报告主要关注于被低估的实际问题。最初的方法之所以失败，很大程度上是因为过于简化：希望快速发展的想法过于乐观，但最初的结果却令人失望。1954年的演示就是基于事先准备好的语句，这些语句包含熟悉的词汇和有限的歧义，显然这与会涉及任何领域的未事先准备文本的实际任务关系不大。同样，20世纪50年代的大多数研究团队都没有意识到进行语法或语义分析的必要性，因此没有正确评估任务的难度。最后，如果任务目标是提供快速可操作的结果，那么辅助翻译的想法会更加现实，但是这与机器翻译的发展又没有什么关系。

20世纪50年代的研究创建了机器翻译领域。这些早期系统的挫败，或至少是局限性，揭示了自然语言处理的复杂性。在某些方面，在随后的几十年促进了大量研究项目的开展。尽管机器翻译在当时过于自信，但这项研究也绝非没有什么用处。另外，还必须注意的是计算机相对缺乏以及性能有限（在穿孔卡片时代）极大地限制了实验的可行性。

然而，Bar-Hillel的报告让资助机构和研究人员都产生了疑虑。在20世纪60年代初，一些知名学者放弃了机器翻译领域，转而从事语言学、计算机科学或信息理论的研究。一些研究人员对于机器翻译甚至比Bar-Hillel本人更消极。

另一方面，1954年的演示也让第一个机器翻译项目被低估的众多问题初现端倪。Georgetown和IBM公司试图工业化的实际解决方案效果也很差。

所有这些都促使基金机构在1964年责成独立委员会进行评估报告，由此产生了发布于1966年的著名的ALPAC报告。

第六章
1966 年的 ALPAC 报告及其影响

1966 年 11 月发布的 ALPAC（自动化语言处理咨询委员会）报告是机器翻译历史上的一个里程碑：它的影响巨大，但现在看来或许有些被高估了。1964 年年初，资助美国机器翻译项目的基金机构[一]委托一个专家小组来编制这份报告。现在众所周知，该报告强调了自 20 世纪 40 年代末以来研究工作的失败，这显然是对 Bar-Hillel 报告的响应。

现在，在网上可以很容易搜索到 ALPAC 报告[二]，另外还有几篇关于该报告的历史和影响的文章（参见 Hutchins，《ALPAC：The（In）famous Report》（ALPAC：（非）著名报告），2003）。在此，将讨论该报告的内容，以及从报告发布几年直到 20 世纪 80 年代末所进行的研究。

[一] 特别是美国国防部、国家科学基金会和中央情报局。
[二] 例如，https://www.nap.edu/openbook.php?record_id=9547。

▸ 报告内容

报告题目是《语言和机器：翻译和语言学中的计算机》（Languages and Machines: Computers in Translation and Linguistics）。这份简短报告的核心实际上是翻译需求：翻译对相关机构（主要是与安全和国防有关的公共部门和企业）的必要性；报告指出，大多数翻译请求都是可忽略的，最终要么是部分阅读，要么压根不读，以及机器翻译的相关成本。而关于机器翻译的讨论只占到短短5页。

ALPAC 是由信息和通信理论专家 John R.Pierce（他曾与 Claude Shannon 共事，见第五章）直接领导。除了 Pierce，委员会由语言学家、人工智能专家和心理学家组成。在撰写报告时，委员会成员中没有一人从事机器翻译工作，不过其中两名成员（David G.Hays 和 Anthony G.Oettinger）此前曾一直活跃于该领域。毕竟，委员会还是咨询了几位机器翻译专家（作为从事机器翻译私企代表的 Paul Garvin、Jules Mersel 和 Gilbert King，以及得克萨斯大学的 Winfred P.Lehmann）。

报告前言提到了证明公共基金（除美国国家科学基金，还包括与国防和情报机构密切相关的一些美国研究资助机构）资助研究合理性的两个理由。具体理由如下：

1）是否是作为具有重大影响的长期基础研究项目（"是与资助机构的任务广泛相关的具有挑战性领域的研究"）；

2）或相反，是否是用于解决实际问题的研究（"明确承诺有效降低早期成本、或显著提高性能、或满足操作需求的研究和开发"）。

报告指出，关于机器翻译的研究显然符合第二个理由（在相对较短的时间内以较低的成本获得快速而有效的方法），因此提出对该领域在这方面的评估。这显然存在着一种主观偏见，因为未能在短期内开发出一种实用、有效的解决方案并不能证明正在进行的研究是无用的。最终，资助研究的基金机构在评估过程中存在着主观偏见。

同时，研究团队也必须承担未能履行自开始该领域研究以来所做出承诺的后果。1954年的演示（见第五章）预见很快就可形成一种可行的解决方案。然而，20世纪50年代末和60年代初的行业化尝试和公开演示表明，远未找到解决办法。事实上，这与几年前的讨论结果相背而驰，当时研究团队预测机器翻译可以在几个月内就产生可操作性结果。

因此，必须值得注意的是，该报告首先是为了评估在不久的将来获得全自动高质量机器翻译的可能性（FAHQMT，见第五章）。这对报告结果产生了严重曲解，以至于后来对该领域产生了重大影响。这种观点也解释了为何报告的前半部分主要审查了相关机构整理的大量翻译内容、可用翻译人员的数量以及所产生的相关费用。阅读整个报告后可知，这显然是对一个实际问题进行评估，且主要的衡量标准是成本！而从研究角度看，报告关注的却很少。

实际上，该报告得出的结论是，从成本方面，一个人工译者比机器翻译更实惠。当时，人工译者可以实现更好、更快的翻译，因为无需额外的编辑（校正一个完全由机器翻译的文本往往比经验丰富的翻译人员直接翻译花费更长的时间）。报告仅考虑了从俄语到英语的翻译，并由此得出结论，认为从俄语到英语的翻译需求是有限的。报告还建议俄语翻译的最大"消费者"最好是学习语言本身。顺便说一下，报告似乎过于乐观，因为它认为几周时间就足以很好地掌握一门外语！⊖

该报告还明确地表明，在20世纪60年代中期，根本不需要机器翻译。根据报告所述，机器翻译没有任何实际意义，因为没有合适的系统能够完成这项任务。原文中直截了当地说："在翻译领域不存在紧急情况。问题并不是要通过不存在的机器翻译来满足一些不存在的需求"。

⊖ "一些著名的研究表明，一名科学家能在200h或更短的时间内获取足够多的其研究领域的俄语阅读材料"（ALPAC报告，1966，p.5）。

"在翻译领域不存在紧急情况。问题并不是要通过不存在的机器翻译来满足一些不存在的需求" [ALPAC 报告，1966]

然后，报告还提到了基金资助机器翻译项目的更普遍问题。首先以一个相当标准的定义开始：机器翻译"大体是指通过算法将机器可读的源文本转换为有用的目标文本，而无需借助于人工翻译或编辑"。随即，报告就得出结论，在起草报告时不存在任何类型的自动翻译系统，且在不久的将来也不可能产生这种系统[一]。在此，还特别提到了 Georgetown 的系统：经过 8 年的资助，该系统仍不能产生正确的翻译，仍需要一个专业的翻译人员介入并校正翻译错误。报告强调，尽管机器翻译通常可以产生一个可读文本，但也很大程度上存在误译。翻译所产生的错误越多，对文本的操作和校正就越困难。

为了说明这一点，这份报告收录了当时四种机器翻译系统产生的从俄语到英语的四种翻译结果。翻译质量平庸至极。

▶ 报告的直接后果

在 1996 的文章中，Hutchins 回顾了 ALPAC 报告的影响，指出该报告的重要性可能被夸大了。20 世纪 60 年代初，研究经费已逐渐减少，Bar-Hillel 在 1959 年的报告对此负有一定责任。因此，

[一] "在此背景下，没有针对通用科学文本的机器翻译，且在近期内也不会实现"（ALPAC 报告，1996, p.19）。

与十年前相比，1966年在机器翻译领域从事研究的团队数量要少得多（华盛顿大学、密歇根大学以及哈佛大学在1962年都停止了在该领域的研究项目。报告中特别提到的Georgetown大学自1961年就没有再得到任何基金资助）。需要特别提到的是，Wayne州立大学和得克萨斯大学在1966年后仍继续开展了其他项目（直到20世纪70年代，这两所大学都是如此）。该报告只是证实了大幅削减机器翻译领域经费资助的决定。

Hutchins还强调了该报告的偏见：只考虑了由美国基金机构资助的从俄语到英语的翻译，并忽略了超出特定语境的多语言问题。除了上述内容，该报告的作用还需作为一个整体来检验。显然，20世纪60年代中期的自动翻译系统还不能直接满足行业需求。然而，机器翻译吸引了报告中几乎没有提及的许多科学问题的关注。该报告甚至夸大了Bar-Hillel的结论，即未来不可能出现一个完全自动化的翻译系统。

一个积极的信号是，ALPAC报告明确表示了对计算机辅助翻译的兴趣，这也是Bar-Hillel所支持的想法。报告还明确指出（而不是间接地），需要对语言的自动分析进行更基础的研究。例如，值得注意的是，就连ALPAC成员Hays和Oettinger几年前就停止了对自动翻译的研究，而是重点研究语法和解析。因此，Oettinger 在 1963 年发表的题为《自动语言翻译的研究现状：评价》（The state of the Art of Automatic Language Translation : An Appraisal）的报告中大致概括了 Bar-Hillel 关于自动翻译的结论，同时也表现出对自然语言处理的浓厚兴趣。㊀

▶1965~1990 年：长期停顿

ALPAC 报告发布后的一段时间内中断了英语世界的机器翻译研究。其他国家则继续资助相关研究团队，在此期间出现了第一个商用系统。在经过了第一个十年的快速发展之后，这一时期的技术创新发展非常有限。

▶ 更广泛的研究工作

在 20 世纪 60 年代中期，ALPAC 报告加剧了美国在自动翻译领域的经费削减。在美国，仍有两个研究团队继续研究自动翻译（即前面提到的 Wayne 州立大学和得克萨斯大学），但即便如此，

㊀ "对于那些关注更好理解人类语言结构，以及诸如计算机编程中所用的人工语言结构的人来说，对过去十年所取得的丰硕进展成果以及今后发展的乐观态度，是非常满意的"（Oettinger, 1963, p.27）。

研究重点也是语法分析,以便开发出更丰富的语言间转换规则。其他研究团队(如哈佛大学的Oettinger研究小组)则完全放弃了对自动翻译的研究,转而进行语法分析,这在某些方面可认为是前一阶段的逻辑延续。

　　Hutchins(2010)强调,与美国相反,许多国家主要处理应对多语言环境,从而更容易证明继续进行该领域的研究是正确的。尤其是加拿大,于1965年在蒙特利尔建立了一个研究中心[在20世纪70年代,该中心称为蒙特利尔大学自动翻译中心(TAUM)],而此时美国的大多数研究中心则已经关闭。由于需要制作大量英语和法语的官方文件且成本高昂,因此极大地激发了对机器翻译领域的研究。蒙特利尔研究团队很快就得出了两个重要研究成果:一个是由Colmerauer主持开发的,适合于表示语言信息的形式化(这种形式化可看作Prolog编程语言的前身,自此,Prolog编程语言在计算机语言学中以及更普遍的人工智能中非常流行);最重要的是,这可能是最著名的自动翻译系统:TAUMMétéo(后来简称Météo,参见后面所述)。

　　在法国,Grenoble的研究继续进行,20世纪60年代,在Vauquois的领导下,CETAG研究小组(在巴黎中心关闭后称为

CETA，见第五章）开发了一个原创的翻译系统，其中语法关系是由与语言无关的逻辑形式表示（尽管该系统并不是真正意义上的语际系统，因为也使用了双语词典）。该研究重点是针对从俄语到法语的数学和物理文本的翻译。然而，该系统缺乏灵活性：任何级别的一个问题都足以导致整个翻译过程中断。70年代中期，Vauquois开始着手开发一个模块化系统，以实现在不同级别的两种语言之间转换语言信息。这逐步发展成Ariane-78系统，并产生第三章中所示的三角形图形：理想的翻译需要逻辑表示（即三角形顶部），但如果自动翻译系统不能达到这种精度水平，那么至少需要进行精确的语法或语义分析。

正如在美国逐步放弃机器翻译，而当时盛行的双语制度促使加拿大资助一个研究中心一样，在欧盟内部越来越多的语言之间都需要进行翻译的必要性激励了欧盟委员会在20世纪70年代对自动翻译产生兴趣。欧盟最初审查了第一个可用的商用系统，这就是1968年在美国成立的一家公司Systran在1975年提供给欧盟的系统。然后，Systran公司开发了一个集成了欧洲不同语言的原型系统，并签订了一份贯穿整个80年代的战略合作协议。在第十四章详细介绍Systran公司发展历史时将再次讨论这一话题。同样在20世纪70年代末期，主要在Vauquois领导下，启动了一项重要的欧洲研究计划：欧洲翻译体系项目。1978~1992年，相对于双语词典的开发，该项目更着重语法层的分析。项目的目标（最初是创建一个操作系统）逐步缩小，直到最后也没有产生一个成功的系统。其主要成果是提出了一些原型并在欧洲研究机构之间产生了新的合作。另外，在世界其他国家，特别是中国、日本和苏联，这一时期也建立了一些研究中心，并开展了自己的研究。

平行语料库（即翻译文本对）的出现促进了自动翻译方面新方法的提出，并推动了该研究领域向多个新方向的发展。这将是接下来所讨论的主题。

▶ 第一个商用系统

上述提到的一些研究团队开发了最终产生商用或操作系统的原型。

蒙特利尔研究中心在20世纪70年代开发了Météo，由来自TAUM小组的独立开发者John Chandioux运营管理。该系统负责代表加拿大环境部将加拿大的每日天气预报翻译成法语和英语两种语言。天气预报不仅考虑全国，还涉及每个省，且每天要有数次预报，由此需要进行大量翻译。该系统从 1977 年开始运行，直到 2002 年，在 90 年代，每年要翻译几十万条天气预报，总计约 3000 万字。虽然该系统设计得相对传统，但这是第一个在相对有限领域得到可操作性解决方案的系统。翻译文本的质量较好：只需要很少的后期编辑工作，从而提供了可靠、健壮且常规的翻译。该系统在促进机器翻译研究方面发挥了重要作用，尤其是在该领域声誉受到质疑的时期。

在 20 世纪 70 年代和 80 年代，其他研究团队与相关制造商建立合作，以开发特定的机器翻译解决方案。例如，在 80 年代，得克萨斯大学与西门子公司合作开发了 Metal 系统，这是一个最初针对德语和英语的翻译系统，然后逐步适用于其他语言。在日本，软件和硬件行业的大多数公司都启动了相关项目，来提供日语版和英语版的操作系统，但也有一些公司专注于其他亚洲语言，如汉语和朝鲜语。其中，针对较短的技术文本和产品宣传单的半自动翻译（即先通过自动翻译系统，其结果再经过手动修改）是主要的商业目的。

最后值得一提的是，自从 20 世纪 60 年代末以来，诞生了第一批专门致力于自动翻译的公司。首要的是由 Georgetown 研究小组前成员 Peter Toma 于 1968 年创立的 Systran 公司。得益于与美国国防部签订的合同以及与欧盟的商业伙伴关系，Systran 很快在机器翻译领域取得了领先地位（更多信息请参见第十四章的 Systran 的历史）。另一个代表性公司是 Logos 公司，1970 年在美国国防部资助下成立，目的是将英语文本翻译成越南语。在越南战争的背景下，导致这一时期对越南语的翻译需求激增。Logos 公司在几十年来逐步扩大处理语言的数量，直到成为 Systran 公司的主要竞争对手。该公司在 2000 年倒闭，现在只剩下一个名为 OpenLogos 的翻译程序，仍作为免费软件在线提供应用。

这些公司的发展表明，自动翻译具有有限但真正实际的需求。将文本（传单、手册等）翻译成多种语言是相对复杂且成本较高的（例如，需要找到熟悉不同语言的翻译人员，并确保翻译要时刻适应于最新产品的开发等）。中小企业有翻译需求，而又不可能在这方面投入太多资金。因此，从它们的角度来看，机器翻译就是一种理想的技术手段。除了这类市场需求，大型公共行政机构和国防情报行业也是这些机器翻译公司的主要用户。在第十四章讨论当前机器翻译市场时，将详细介绍这一主题。

第七章
平行语料库与语句对齐

20世纪80年代，计算机可直接访问的电子文本显著增多。在这些文本中，有些是经过相互翻译的，由此可实现段落级或语句级的"对齐"或匹配。这些对齐的文本一直以来都是人工翻译者的宝贵知识来源。很快，自动化翻译工具也受益于这些新数据。事实上，这些日益增长的海量数据使得机器翻译领域得以复兴，最重要的是，彻底改变了机器翻译所用的方法。

▶ 平行语料库或双文本的概念

平行语料库是由翻译上下文中一组文本对所组成的语料库。对齐的平行文本对称为双文本，即双语文本，而多文本中包括多个对齐的翻译文本。

这种类型的资源在专业的人工翻译中很受欢迎。这实际上是一个非常有价值的知识库：相比于双语词典，之前的翻译可根据上下文提供相关翻译示例。在翻译技术文章时，为统一起见，译者通常必须采用与之前翻译相同的术语、短语和风格。因此，就非常有必要查看以前的翻译。另外，了解翻译内容的所属领域（即源语言）也很重要，因为语料源是由参考文本定义的。

人工翻译人员通常可以通过一个称为"翻译记忆单元"的工具来访问之前的翻译。翻译记忆单元模块可以存储和检索过去的翻译片段，这一般是通过一个强大的搜索引擎来实现的。在存储之前可以对过去的翻译进行分析和标记，从而能够更有效地查询翻译存储器，而不是利用基本的关键词。市场上已有一些这样的工具，主要是针对专业翻译人员。

双文本很早就被认为是机器翻译的重要知识来源。翻译存储器包含相关的翻译片段，因为这些工具主要是用于存储过去的专业翻译。此外，在互联网上提供了越来越多的双语文本，因此，就可以期望开发一套主要基于互联网双语数据的翻译系统。目前，这实际上也是机器翻译领域的主流方法。

当前，主要可分为两种类型的方法。一种方法是根据不同的语言策略,对现有翻译进行分析和归纳,作为今后翻译的知识库。这就是所谓的基于示例的翻译,因为在这种方法中,以前的翻译都被看作新翻译的示例。另一种方法是随着互联网上所提供的翻译数量的不断增多,可以直接设计用于机器翻译的统计模型。这种称为统计机器翻译的方法是当今最流行的。

与存储容量相对较小的翻译存储器不同,自动翻译处理是假定有大量可用的数据。正如统计机器翻译的先驱之一 Robert Mercer[①]声称:"最好的数据就是更多的数据"。也就是说,Mercer 及其统计方法的拥趸者认为,开发一个系统的最佳策略是收集尽可能多的数据。这些数据必须具有代表性和多样性,但由于缺乏评估的定性标准,因此目前仍主要采用定量标准。事实上,现已证明,随着更多双文本的出现,系统的性能会不断提高。

[①] Mercer 是创建 IBM 统计翻译的研究团队成员。参见第 9 章。

"最好的数据就是更多的数据" [Robert Mercer]

▶ 平行语料库的可用性

双文本的来源主要有两个：一方面，已有两种或更多语言的语料库，双文本可以是对齐的或非对齐的；另一方面，对于没有合适语料库的两种语言，现已提出了自动开发这种语料库的技术，通常是通过收集互联网上的可用文本来实现。

▶ 现有语料库

现在，已有一些著名的平行文本库。例如，大多数拥有几种官方语言的国家和机构必须以每种不同的语言来编写官方文本（如法律文件）。这通常是非常宝贵的双语语料库来源，因为这必须是对原文的准确翻译。但是，由于这些文本大部分是与立法和法律相关，因此，基于这些数据的机器翻译系统对于其他领域或其他题材而言可能不是很准确。

20世纪80年代，有关文本对齐的第一个实验是加拿大议会记录，该实验记录了加拿大议会辩论的官方文件。加拿大议会记录在文本级和语句级均是对齐的，这意味着在进行法语和英语之间的翻译时，该语料库是一个宝贵的知识来源（见图3）。

现在还有相同类型的其他语料库，尤其是由欧洲机构的文本所构成的语料库。欧洲语境本质上就是多语言的，并已积累了一些非常有价值的资源，如欧洲语料库和JRC-Acquis语料库。这两个语料库包括了来自欧洲的20多种语言。这些语料库现已被机器翻译系统广泛使用，另外，由于本质上都已是文本级和段落级，偶尔甚至是语句级的对齐，因此也易于使用。语料库是由每种语言的数千万个单词组成的，但是其规模根据语言或所要进行翻译的语言对会有很大差别（例如，欧洲语料库包含1100万个爱沙尼亚单词、3300万个芬兰单词、5400万个英语单词和5400万个法语单词）。

法语文本	英语文本
J'ai fait cette comparaison et je tiens à m'arrêter sur ce point.	I have looked at this and I want to talk about it for a second.
L'article 11 du projet de loi crée tellement d'exceptions qu'il va bien au-delà de l'article 21 de la convention, au point de carrément compromettre l'objet même de celle-ci.	Clause 11 in the bill creates so many exceptions that it goes well beyond article 21 of the treaty and basically completely undercuts the intention of the convention itself.
Je cite l'article 21 de la convention.	I will read what article 21 says.
C'est assez simple :	It is pretty straightforward:
Chaque État partie encourage les États non parties à la présente Convention à la ratifier, l'accepter, l'approuver ou y adhérer [...]	Each State Party shall encourage States not party to this Convention to ratify, accept, approve or accede to this Convention [...]
Chaque État notifie aux gouvernements de tous les États non parties à la présente Convention.	Each State Party shall notify the governments of all States not party to this Convention.

图3　摘自语句级对齐的加拿大议会记录语料库

尽管语料库是"最强大"的语言（意思是互联网上表现最广泛的语言），同时也是最流行的语言，但仍有许多其他的语料库，特别是对于其他语系的。然而，这些语料库还不是足够完备的：大多数语言很少有或甚至根本没有资源来开发成一个系统。在这种情况下，就非常有必要开发新的语料库，这通常是在互联网上完成的。

▶▶ 平行语料库的自动创建

早期研究人员试图利用互联网上可用的大量文本来构成现有资源。但事实上，网络上比现有的平行语料库要更加多样化，如前所述，平行语料库大多与法律领域有关。在网络上"采集"高质量双语文本的技术相对简单。采集系统通常都包含一个"机器人"，即一个能够通过从一个页面跳转到另一个页面来浏览网页，同时进入每个网页所关联链接的系统。然后，对每个网页，系统检查所使用的语言，并判断是否存在目标语言中的等效网页。

系统通常是从两种语言中更稀有的语言开始。例如，如果目标是开发希腊语-英语的双语语料库，那么似乎更适合从希腊语的网站开始，因为英语网站的数量要相对更多。另外，还应注意的是，英语网页很少有对应的希腊语网页，而相反则很多。例如，英国大学的网站很少有希腊语的翻译，而希腊大学的网站常常都有英语翻译。

在每个网站或页面上采集时，有两种技巧：首先，系统在网站地址（URL）搜索等效值。例如，如果一个站点的 URL 是 http://my.website.com/gr/，则系统将会查找如 http://my.website.com/en/ 的网址，这是目标语言的一个"镜像站点"，由 URL 进行标识。如果第一种方法无效，那么系统可以搜索每个页面来寻找指向目标语言的页面链接，因为多语言网站会通过从一种语言导航到另一种语言（这些链接通常由具有目标语言国家符号的小图标来标识）。一旦识别到两个网站的内容是相互翻译的，则系统就需控制各个网页级的对应关系。如果之前没有进行过鉴别，可以使用一些工具来检查已辨别网页的语言。然后，就可以进行比较，例如，文档长度（如果两个文档或两个文本的大小差别很大，那么表明这可能不是很可靠的翻译）、HTML 结构（两个文件必须具有相同的结构）等。

这些技术与语言学没有什么关系，但当在网站尺度上应用时，能够从零基础开始迅速开发大型的多语言语料库。如果要仔细观测所选择网页上的内容（例如，从特定的 URL 列表开始，然后只检索包含特定关键字的那些网页），那么还可以较低成本获得不同领域的专门语料库。然而，必须注意，整个过程是完全自动的：不能保证数据的代表性，也不能保证数据源的质量。事实上，完全不能保证以这种方式所获得双文本的质量。然而，数量与质量有关：一个给定网站如果提供的翻译较差，那么其作用也很有限，因为会期望许多其他网站提供较好的翻译，这意味着不好的翻译可以在统计时忽略不计而对最终结果没有什么影响。同样的原因，一个独特的、原创的文学翻译作品也会被丢弃，因为在所有其他翻译可能性中不具有统计显著性。这对于机器翻译来说并不是一个问题，因为机器翻译是寻找标准等效性，而不是产生原创性。

当然，还需要注意这种方法的局限性。并不是所有的语言都能在互联网上很好地表现，尤其是在搜索双语文本时。在实际中，大多数现有语料库中，其中一种语言是英语，从而提高另一种语言的影响力。在现有的数据量条件下，如果一种语言（不管是目标语言还是源语言）不是英语，那么要收集到足够的数据来开发一个高质量的双语语料库还是很难的。在第十一章将详细讨论这一问题。

一旦建立好语料库，就需要在段落级或语句级，或两者层级上对齐，以便机器翻译系统能够使用它。

▶ 语句对齐

在几乎所有的语言中，语句都是在句法和语义层面上的一个自主语言单位（相对于一个短语或任何其他非自主词组）。因此，自然语言处理通常是基于语句的概念，尤其是对机器翻译而言，机器翻译一般是逐句进行的，每个语句都被认为是与其他语句无关的。

在20世纪80年代末和90年代，随着越来越多语料库的出现，语句对齐方法也蓬勃发展起来。使用这类资源的一些应用程序也应运而生：当然包括机器翻译，还有其他多语言应用程序，如多语言术语提取。

语句对齐通常是基于双文本的具体特征：假设翻译通常都是要遵循原文结构，且语句在源文本和目标文本中通常都是以相同的方式连接。此外，还可以定义语言对之间的长度比（如在单词个数方面，法语文本通常是相应英语文本的1.2倍）。语句的相对长度是衡量语句对齐的第一个标准。由于语料库质量非常好且翻译非常接近原文，因此在语句对齐领域的第一个实验是根据加拿大议会记录进行的，这与通常在互联网上所找的语料库不同。

▶ 基于语句相对长度的对齐

一个简单的语句对齐策略是，首先观察文本中语句长度的变化，其次观察源文本和目标文本中各自语句长度之间是否具有较好的相关性。那么接下来就可以在此基础上尝试进行语句对齐，也就是说，通过观察源文本的相对长度变化并在目标语言中寻找相似模板。为了避免扩大语句对齐的错误（即将错误扩展到文本中给定的其余部分位置），有必要进行某种全局性处理，而不仅仅是逐句进行。解决该问题的一种方法是在源语言中找到特定的模板，并观察是否可以在目标语言中也找到相同的模板。通过这种方式，就可以找到"信任岛"，或整个文本中相对可靠的配置分布。

在此考虑一个由给定数量的语句组成的文本及其翻译。在图4中，每个单元格都代表一个语句，且每个单元格中的数字是指相应语句中的单词个数。原文如下：

| 8 | 13 | 12 | 7 | 14 | 10 | 8 | 13 | 5 | 22 | 12 | 11 | 14 |

目标文本如下：

| 9 | 16 | 13 | 23 | 12 | 9 | 20 | 23 | 14 | 6 | 7 | 15 |

图4 长度不同的两个文本（标注数字 n 的每个单元格对应长度为 n 的语句）

由图 4 可知,这两个文本没有数字完全相同的语句。前三个语句具有相对接近的单词个数,因此可以关联在一起(注意,目标语言中每个语句的单词个数似乎都比源语言语句的稍微多一些,见图 5)。

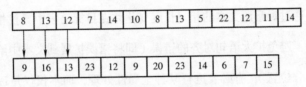

图 5　语句开始处基于语句长度的对齐

这同样适用于文本结尾处以及文本中的一些特定模式(例如,长度完全不同的两个连续语句,见图 6)。

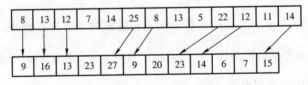

图 6　其他可能出现的简单对齐情况

最后,系统尝试通过在源文本和目标文本之间建立链接来"弥补差距",从而最终得到完全关联的双文本(源语言中的每个语句必须与目标语言中的一个或两个语句相关联)。直到最后结束时,系统还可能必须处理"不对称对齐"的情况,即将源文本中的一个语句与目标文本中的多个语句相关联(见图 7)。

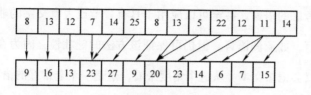

图 7 其余语句的对齐

上述示例明显进行了简化。目前已有许多实现动态对齐的方法，例如，通过判断最短语句和最长语句或相邻语句之间的长度差以及首先计算语句组的长度等。

Gale 和 Church（1993）将这种类型的算法应用于加拿大议会记录语料库（加拿大议会记录文本），错误率约为 4%（即 4% 的语句错误对齐）。实验表明，如果只考虑语句间的一对一映射（即保证源文本中的每个语句只能对应于目标文本中的一个语句，这意味着不对称对齐会导致更多的错误），则错误率甚至可降低到 1% 以下。另外，实验还表明，1-1 对应关系占到源文本中 89% 以上的语句，1-2 或 2-1 对应关系约占 9%（即源文本中的一个语句与目标语言中的两个语句相关联，或反之亦然），而其他情况（即没有经过翻译的语句，或由三个及以上语句翻译的语句）则比例很小。

这种方法的最大优点是简单和相对鲁棒。现已证明该方法适用于不同的语言对：该方法实际上是真正可移植的，且完全独立于所考虑的语言。甚至可以应用于具有音节或表意文字的非字母性语言，如亚洲语言。但仍可保证该方法的健壮性，因为在对加拿大议会记录文本（从这个角度来看，这是一个非常好的语料库）进行翻译的情况下，如果翻译不可靠，就会导致性能急剧恶化。即使上述的动态方法可以解决该问题，但效果也可能会有所不同（一个误对齐就会导致其他的误对齐，从而产生连锁效应）。

现在已设计了不同策略来约束级联误对齐的问题。一种方法是试图先找到由几个语句组成的同质文本部分。段落是介于文本和语句之间最明显的单元，且在一些翻译任务中已得到成功应用。另外，大多数文本都是来自网络，这意味着其中包含 HTML 或其他可用于文本对齐的明显标记，而目标文本可能也具有与源文本相同的结构。最后，还可以在原文和翻译文本中找到相似的单词。这就有助于确定所谓的对应点。由于是基于词典中的一部分进行分析，因此这种方法称为词汇法。

▶ 词汇法

一些研究提出了基于词汇对应的语句对齐策略。这种策略不像上述介绍的方法那样通用，但也是相对有效的，尤其是针对语际相关的语言。

如果考虑一个给定的双文本（即一个文本是另一个文本的翻译），则通常可观察到类似或非常近似的字符串，例如，人名、地名和更一般的专有名词。这些对应的词汇通常称为同源词。其他元素也有类似的作用，尤其是数字、首字母缩略语等。另外，排版也有助于识别相关的单词，如粗体词和斜体词（见图 8）。

```
Xxx xxx xx xxxx xxx xxx.              Yy yyyy yyy yy y yyy yyy.
Xxx xxx xx xxxxx xx x xxx xxx.        yyy yyyy yyy yyy yy y yyy yyy.
Xxx xxx xx xxxx xxxx xxx xx x xxx xxx. yy yyy yyyy yyy yyy yy yyyy yyy.
Xxx xxx xx xxx xx x xxx xxx.          Yyy yy yyyy yy yyy yyy yyy.
Xxx xxx xx Sarkozy xxx xx x xxx xxx.  yyy y Sarkozy yyy yy y yyy yyy.
Xxx xxx xx xxxxx xxx xxx xxx xxx.     yyy yyy yy yyyy yyy yyyy.
Xxx xxx xx xxx xxx xxx xxx.           yyy yyy yy yyyy yyy.
Xxx xxx xx xxxx xxx xxx xxx xxx.      yyy yy April yyy yy yyy yyy.
Xxx xxx xx avril xxxx xxx xxx.        yyy yyy yyyy yy yyy yyyy y yyyy
Xxx xxx xx xxxx xxx xx x xxx xxx.     yyy.
```

图 8 翻译过程中的两个文本。虽然文本内容未知（在此用"xxx"和"yyy"表示），但有些单词相同或相似，这将有助于确定可靠的对应点

所有这些元素都可用来辨别源文本和目标文本之间的对应点。然后，通过动态编程来计算语句对齐，类似于基于语句长度对齐的方式。具有多个对应点的语句对最可能是相互翻译。重复执行上述过程，直到不再有任何对齐。

▶ 混合法

当然，也可以将上述两种方法相结合，以定义一个基于词汇索引和语句长度的系统。一方面，同源词对于两个文本的对齐没有什么作用。另一方面，语句长度通常是用于确定对齐的一个良好特征，但可能会出现几个连续语句具有相似长度的情况。目的是在语句之间找到尽可能多的隐含特征，来增强不同局部对齐的信心。

在20世纪90年代，语句对齐是一个特别热门的研究课题。研究人员积极探索了各种隐含特征，尤其是如上所述的HTML文档结构。标题、框架和图标都用作对齐任务的特征。经过这方面的研究，双语语料库的数量在90年代急剧增加。这些新的资源为基于示例的翻译以及后来成为该领域主流方法的统计翻译奠定了坚实基础。随后的内容将讨论如何利用这些资源，来开发比之前更健壮、更可靠的翻译系统。

第八章
基于示例的机器翻译

基于示例的机器翻译或类比翻译是由日本学者 Makoto Nagao（1984）在 20 世纪 80 年代提出的。Nagao 注意到传统的基于规则的翻译系统（在 80 年代仍是常用方法）会随着时间的推移而变得越来越复杂。由此，逐渐变得更加难以维持，这当然是一个主要问题。这些系统通常还要求对待翻译语句进行完整分析，这是非常致命的缺陷：如果无法对给定语句中的某一部分进行分析，则不能进行整个语句的翻译。而 Nagao 又注意到专业的翻译人员主要是处理所翻译语句的文本片段并经过重新组合以形成完整而连贯的语句。因此，他认为翻译人员一般不会对待翻译的语句进行全面的初步分析。

与此同时，Nagao 还注意到平行语料库中含有大量有用信息，而这些信息在双语词典，甚至专业词典中都大部分是缺失的。因此，他建议，与其试图开发新的词典或分析两种语言之间的转换规则，还不如直接使用现有双语语料库中已有的翻译片段。

与其试图开发新的词典或分析两种语言之间的转换规则,还不如直接使用现有双语语料库中已有的翻译片段。

▶▶ 基于示例的机器翻译概述

基于示例的机器翻译通常经过三个操作步骤来翻译给定语句：

- 首先，系统试图在源语言语料库中找到待翻译语句的片段，且收集并保存所有相关片段。
- 然后，系统根据翻译所用的双文本在目标语言中寻找等效的翻译。
- 最终，系统将这些翻译片段组合整理成目标语言中的正确语句。

接下来，通过一个简单示例来阐述该方法。假设，现在需要系统将"Training is not the solution to every problem"翻译成法语，并提供一个包含以下四对语句的双语语料库（见图 9）。

系统首先在目标语言中寻找等效的翻译。例如，在 Ex1 和 Ex2 中包括"training is not the solution"。在这两个语句中，翻译都包括"la formation n'est pas la solution"。因此，系统可推断这是对英语语句的翻译，因为该表述均包含在目标语言的两个语句中。同理，由 Ex3 和 Ex4，系统可推断"to every problem"应翻译为"à tous les problèmes"。通过对识别出的这两个单词序列进行组合,系统可得出翻译结果为"la formation n'est pas la solution à tous les problèmes"。

Ex1	Training is not the solution to everything. La formation n'est pas la solution universelle.
Ex2	Training is not the solution to all parenting struggles La formation n'est pas la solution à toutes les difficultés rencontrées par les parents.
Ex3	There is a solution to every problem. Il y a une solution à tous les problèmes.
Ex4	There is a spiritual solution to every problem. Il y a une solution spirituelle à tous les problèmes

图 9 从双语语料库中自动抽取语句来翻译"training is not the solution to every problem"语句(每个英语语句都包含 n 个与待翻译语句中相似的单词序列)

正如所见,这是一个非常简单的示例,其中源语言中的语句都直接对应于目标语言中的语句。但在实际中,该问题显然会更加复杂。

▶ 翻译示例的搜索

由于在待翻译文本和现有双语语料库之间的语句层次上很难找到准确的匹配，因此需要在次语句层次上寻找等效关系（在该方法中称为示例），如上例所示。但即使在次语句层次，搜索等效翻译也是一个复杂问题：①确定的示例（精确匹配的单词序列）通常很短；②对于源语言中的相同序列，经常会找到不同的翻译，且不易确定最相关的翻译；③由于文本片段经常重叠或不完全兼容，因此难以合并文本的不同片段。由此可见，不只是在单词级（或字符级）寻找精确的等效关系，而是在更一般的基础上寻找等效关系以使得该方法更为健壮，显得更加有用。这通常称为类比翻译：不再是寻找能够对待翻译语句进行准确重现的文本片段，而是寻找与待翻译语句近似的文本片段。

现已提出一些技术来寻找类比关系，翻译的等效关系或多少在语言学基础上相关的"示例"：

- 字符串比较法；
- 单词比较法；
- 语言标记（即名词、动词等）序列对比法；
- 语言结构比较法。

第一种方法（字符串比较法）的优点在于与所考虑的语言无关，例如，可应用于亚洲语言（在一个单词通常是单个字符的亚洲语言中，该方法不成问题）。第二种方法是进行单词比较，这非常适用于具有较好词形还原器（即能够识别字典中出现单词的工具）的语言，但这并非适用于所有语言。此外，正如前面所述，这些方法都太接近文本表面。语言中太多的变异源都会需要这些技术功能真正强大。

更先进的技术依赖于文本预处理阶段来获得更高层次的信息以丰富现有的双语语料库。在实际应用中，对单词增加语言标记，以便使得系统能够对数据进行更抽象的表示。预处理阶段通常包括词性标注（识别形容词、名词、动词等），有时还包括浅层语义分析（识别日期、专有名词、习语等）。然后，在映射源语言和目标语言之间语言序列的转换规则中必须考虑这些新信息。例如，如果形容词为可选项，则"there is a spiritual solution"可翻译为"il y a une solution"，即使法语片段中没有包含任何与"spiritual"相关的单词。当然，在语言等效性不是很完美时，翻译可能会与原文有很大不同。

最后，可以通过直接比较句法树（即语句结构的一种表示）

来识别特定的句法结构。从理论上讲，这种策略可以比较在表面层次（即如果只是观察单词序列）上看起来完全不同的语句。例如，"he gave Mary a book"和"he gave this book to Mary"这两个语句具有相同的句法结构，尽管仅关注单词序列的系统可能只会发现相似的片段（"he gave"和几个孤立单词）。

一旦收集到目标语言中的相关片段，就可以利用一系列规则或统计索引来根据所识别的片段重新组成完整的语句。这是一项比较困难的工作，因为这些片段通常都是部分和不完整的，且相互重叠，不与自主句法短语相对应。一些研究团队试图开发只利用相关句法短语（例如，完整的名词短语或动词短语）的系统，但由于各种因素而并没有任何改进，其中主要是因为数据稀疏（收集足够多的短语级相关示例是非常困难的）。

▶▶ 基于示例的机器翻译的优缺点

基于示例的机器翻译在20世纪80年代受到了极大关注。基于示例的翻译方法可以优化开发大量当时已开始出现的双语文本，而不再是人工开发一个周期长且成本很高的机器翻译系统。该方法的提出与双语文本对齐研究工作的同时出现显然不是巧合。

这种方法主要针对相似性不同（如法语-英语对）的亚洲语言。因此，经常以日语结构名词1no名词2（Noun1 の Noun2）为例，因为其中的"no"（对应于日语平假名の）可表示两个名词之间的各种联系。图10所示是一些文献中经常引用的例子，来源于1991年的一篇论文（Sumita 和 Iida，1991）。

Mitsu **no** hoteru	Three hotels
Isshukan **no** kyuka	A week's holiday
Kyouto **deno** kaigi	The conference **in** Kyoto
Kaigi **no** sankaryou	The application fee **for the** conference
Kaigi **no** mokuteki	The objective **of** the conference
Youka **no** gogo	The afternoon **of** the 8th

图10 包含日语罗马音"no"的不同示例。由此可见，在翻译成英语时，根据上下文，每次都需要采用不同的语言结构（参见 Sumita 和 Iida，1991）

由图10可知，"no"可以表示两个名词之间的各种可能关系：可以是一种属性，也可以表示目标、时间或位置。作者表明很难通过规则来对其形式化，因为这需要系统能够访问语义信息。而基于示例的翻译方法似乎更适合，只需所提供的示例便能够很好地涵盖待翻译文本。

不过，该方法的缺点也很明显：默认情况下，如果在一组示例中没有找到翻译片段，则系统要么就不起作用要么就进行逐字翻译。这种方法本质上是为了探索语系相差较大的语言（通常是日语-英语），因为这似乎很难开发出人工转换规则。支持基于示例的翻译方法的研究人员并不是利用人工描述特定的上下文，而是观察到通过合理研究翻译等效关系中的语义类和显式标记就可消除歧义⊖。例如，对于日语中的"no"，可以通过英语属性中的"'s"和由特定介词（"for""in""of"等）连接的单词序列来找到等效关系。这些元素（一方面是"no"，另一方面是属性标记或介词）都可认为是"标记"。

该方法还可通过使用有限词汇量的特殊性语言以及非常具体且高度规则化的术语和短语来应用于专业领域。例如，计算机文档就是这种情况，这是基于示例的翻译已得到相当成功测试应用的主要领域之一（Somers,1999;Gough 和 Way,2004）。在这种情况下，语句都是规则的，且经常使用相同的表达方式，这意味着基于示例的翻译方法可以很好地涵盖待翻译文本。然而，存在的主要问题仍是需要扩大涵盖范围，因为即使是对于最规则的文本，也总是仅涵盖部分。由此导致基于示例的翻译方法尽管很有发展

⊖ 这在英语中称为标记假说（Green，1979）。

前途，但难以单独应用于实际的上下文中。

　　综上，基于示例的翻译系统有时作为一个更加复杂系统中的模块。现已表明将基于示例的翻译方法与海量语料库的统计分析相结合会产生非常好的结果，因为普遍认为统计方法具有很好的记忆性，且反过来可以受益于基于示例方法的准确性。

第九章
统计机器翻译与词对齐

　　自20世纪90年代末以来，对齐的双语语料库一直是旨在从词或短语层面提取语言之间翻译等效关系的各种研究对象。例如，十年来的一个研究热点是从可用的平行文本中提取用于人工翻译的双语词典。通过统计分析方法不断尝试开发完全自动的翻译系统，与此同时，该方法也是至今最主流的，并在机器翻译领域得到了最前沿的研究。

　　正如人们所想象到的，词对齐是一个比语句对齐更复杂的任务。虽然在语句层面上，通常在原文和译文之间存在1-1的对应关系（换句话说，即原文中的一个语句常常对应于译文中的一个语句），但这并不一定适用于单词层面。众所周知，各种语言差异很大，许多词并不能直接翻译。因此，大多数的对应都是"不对称的";也就是说,来自源语言或目标语言的一个单词对应于另一种语言中 0、1 或 n 个单词。

▶ 一些示例

考虑下面的示例:"Thanks to those in the field for their insights" 翻译为 "Merci à tous ceux qui, sur le terrain, ont fait part de leurs idées"(取自网站 www.unaids.org)。英语语句中包含 9 个单词,而对应的法语语句中包含 14 个单词!因此,这很难在单词层面上进行对齐,因为这两个语句没有相同的结构(法语语句中具有关系从句,而英语语句中使用了更简单且更直接的措辞)。图 11 给出了这两个语句之间词汇不完全对齐的示例(不完全的含义是指某些单词没有对应的翻译)。

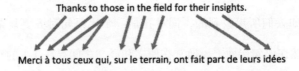

图 11 两个语句之间可能的对齐关系

在该例中,介词 "for" 对应的是 "qui ont fait part de":可以设想将 "for" 与法语表述中的所有单词联系起来,但这毫无意义。

对于下面的示例，也可说明这一点。

在图 12 中，源语句中的几个单词没有在目标语句中翻译。此外，还可看到，由于两个命题倒置，两个语句之间的连接有多次交叉（英语语句中的"… that what he has announced he will actually do …"在法语中表现为"…qu'il fasse réellement ce qu'il a annoncé"）。另外，源语言中的一个词还可以与目标语言中的几个词相对应，反之亦然（"will see"对应于将来时态中简单的动词形式"veillerons"，相反，也可以在简单的单词"what"和法语表示"ce que"之间建立联系）。最后，语句的结尾处也很难"对齐"：直接在"the need for it becomes apparent"和"la nécessité s'en fait ressentir"之间对应会更好，因为很难看出该如何分解这个非常好的翻译（"the need"或许应与"la nécessité"对齐，但在法语中没有"becomes apparent"的直接翻译）。

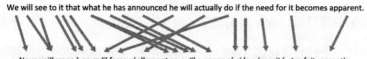

图 12　具有多次交叉连接的两个语句间的可能对齐

总之，确定等效词汇是实现自动翻译中的一项艰巨任务，因为"搜索空间"（即需考虑的可能性数量）巨大：来自源语言的每个单词都可能与目标语言中的任何单个单词或词组有关。当然，人类在已知语言上执行该任务时并非如此，但可以想象，如果是对于完全未知的语言，这是多么复杂！对于计算机而言就是这样，计算机不懂语法或语义，也不能访问词典之类的词汇资源。从语言学的角度来看，这个任务似乎更值得商榷，因为已知在翻译时语言之间在单词层面上没有直接的对应关系。证据就是逐字翻译的效果通常都是很糟糕的。在大多数情况下，这种思路是正确的，所以会看到在过去的几年中，针对机器翻译的研究主要集中在考虑更复杂的单词序列上，以避免逐字翻译所产生的基本错误。

然而，到了20世纪80年代末，基于单词级语句对齐的统计方法在机器翻译方面得到了显著发展。这种方法考虑了语言的统计特性，这意味着该方法主要考虑一种语言中最常见的模式，尽管有一些局限性，但毕竟对于大量的简单语句还是能够产生可接受的翻译结果。在某些情况下，由于不对称对齐（例如，源语言中的一个词与目标语言中的多个词对齐），统计模型还可以识别习语，这表明该方法克服了逐字翻译的限制。

在下面的内容中，将分析20世纪80年代末90年代初提出的几种词对齐模型。该方法的目的是通过海量双语语料库来自动提取双语词汇。在这些词汇中,每个单词都有不同的翻译,并对每种翻译均赋予一个能反映其正确翻译概率的分数。这些词汇是机器翻译系统的一个基本组成部分,为逐字翻译提供了基础。

▶ 机器翻译的"基本方程"

20世纪80年代末,位于纽约Yorktown Heights的IBM公司研究小组决定开发一个基于最初为语音转录而开发的技术的机器翻译系统。语音转录是指由声音序列产生书面文本的任务。翻译也可看作是类似任务,唯一区别在于输入信号是源语言中的单词序列而不是声音序列。

在20世纪80年代末和90年代初发表的一系列论文中,对IBM公司的实验进行了详细阐述(参见Brown等人,1988,1990和1993)。作者以某一源语言或目标语言的给定语句中总是存在几种可能翻译为出发点。在这些各种可能的翻译中,选择何种翻译在某种程度上是个人习惯选择的问题。但必须强调的是,可以认为目标语言中的任何序列在某种程度上都可视为对源语言中序列的翻译。给定一对语句(S,T),其中S是源语句,T是目标语

句，可以计算翻译人员根据序列 S 选择翻译 T 的概率 Pr(T|S)。基本思想是 Pr(T|S) 对于如（Le matin je me brosse les dents | President Wilson was a good lawyer）的一对语句而言很小，而对于如（Le président Wilson était un bon avocat | President Wilson was a good lawyer）的一对语句则很大。也就是说，目标语言中的每种翻译都可看作源语言中一个语句的翻译，但现实中实际采用的翻译将会得到大于 0 的概率得分，而其他翻译则接近于 0。

IBM 公司团队表明，这一假设可用概率论中的著名原理，即贝叶斯定理来建模。贝叶斯定理在某种程度上反转了该问题，并旨在给定目标语言的各种序列情况下，确定哪种最有可能是对源语言的翻译。这可以用下式表示：

$$\Pr(T|S) = \frac{\Pr(T)\Pr(S|T)}{\Pr(S)} \tag{1}$$

式中，Pr(T) 是目标语言的语言模型；Pr(S|T) 是翻译模型。

换句话说，Pr(S|T) 是根据序列 T（是指 S 为源语言中对应序列 T 的一个序列的概率；若该概率接近 1，则这两个语句可能是彼此的翻译）来量测序列 S 的概率，而 Pr(T) 是在不考虑源语言的情况下，量测目标语言中序列的概率（即序列 T 在目标语言中构成

有效且格式规范的序列的概率，从而反映在目标语言中的词序)。

例如，Pr(T) 的概率反映了词序"the red car"要比"car the red""car red the"或"red car the"出现更频繁，那么就可知"la voiture rouge"的翻译应是"the red car"，而非由这些相同单词构成的任何其他序列。稍后将会看到，翻译模型 Pr($S|T$) 是通过将语句分解为各个小片段，并在单词层面上搜索对应的等效关系，从而使得翻译过程成为可能。当找出所有的逐字对应等效关系后，那么就会得到词序不同的所有可能的不同语句。Pr(T) 有助于在所有这些可能的翻译中，仅考虑词序情况下，"选择"有可能是目标语言中最正确的序列。

由于式（1）中的分母项与 T 无关，因此，可简化为

$$T' = \text{argmax}_T[\text{Pr}(T)*\text{Pr}(S|T)] \tag{2}$$

IBM 公司团队（参见 Brown 等人，1993）认为，式（2）是"机器翻译的基本方程"，因为此后的所有统计模型都是源于该方程。

值得注意的是，式（2）并没有阐述如何在翻译过程中分解源语句。针对该问题最简单的方法是采用基于单词的模型，并进行逐字翻译，这样至少可以得到大致近似。在此情况下，具体思路

就是对源语言中的每个单词,利用语句级的海量对齐语料库,在目标语言中找到相应的等效单词,如第七章所述。为此,IBM 公司团队提出将统计翻译过程分解为三个步骤:

1)根据源语句的长度,确定目标语句的长度;

2)确定源语句和目标语句之间最佳的可能对齐;

3)在单词层面上找到对应的等效单词(即在目标语言中找到对应于源语言中单词 m_s 的词 m_t)。

这一策略清楚地给出了一个在翻译过程中非常简单的步骤。尤其是,第一步假设源语言中长度为 l 的每个语句都将翻译为目标语言中长度为 m 的一个语句!事实上,在 20 世纪 80 年代末,IBM 公司已清楚地意识到该方法的局限性:当时发表的各种文章都强调了这种方法必须辅之以更多的语言知识和更复杂的语言间的匹配规则才有效。IBM 公司团队甚至认为由于其固有的局限性,该方法可能无法继续应用。但经过与多年研究获得的较复杂的系统相比,IBM 公司试图采用一种非常简单的方法来评估所得到翻译结果的质量。接下来将会看到,从这个角度来看,所得到的结果非常好。

综上，IBM公司模型中的关键部分在于选择目标语言中所用于翻译的单词，这意味着可通过词汇对齐策略（即单词层面上的对齐）来得出整个模型的本质。整个方法包括两个完全不同的步骤：第一步是旨在从海量双语语料库中提取尽可能多的信息；第二步是利用这些知识来翻译新的语句。更确切地，上述方法可描述如下：

1）将单词对齐算法应用于由双文本（语句层面上对齐的文本）组成的海量语料库。经过上述分析的结果有两重含义：双语词典（即单词层面对齐的结果）和语句层面上最有可能的全局对齐。

2）然后，利用这些大量信息来翻译最终用户待翻译的新语句。

第一步通常称为"训练步骤"或"学习步骤"，而第二步称为"处理步骤"或"测试步骤"。为了使得系统能够产生令人满意的结果，用于训练的数据和用于测试的数据必须非常相似是非常重要的。可以想象，其中的关键在于训练步骤过程中所积累的信息质量，这实质上需要对一个在单词和语句层面上的海量语料库进行分析。在1993年IBM公司发表的开创性文章中提出了五种对齐模型，其中每种对齐模型都是对前一种模型的改进。

词汇对齐的不同方法：IBM 公司模型

正如人们所知，IBM 公司在 20 世纪 80 年代后期提出的机器翻译方法主要是基于在单词层面上执行的翻译选择。因此，这种方法的关键因素是需要一个精确的双语词典。在统计方法的框架下，双语词典实际上对应于每个单词均包含目标语言中可能的翻译列表，以及与这些每个可能翻译相关联的概率。在实际应用中，与源语言中每个给定单词相关联的所有可能翻译的概率之和必须等于 1，见表 1。

表 1 英语单词 "motion" 翻译为法语可能译文的示例

英语单词	可能的翻译	概率
motion	mouvement	0.35
	geste	0.12
	motion	0.11
	proposition	0.10
	résolution	0.10
	marche	0.05
	signe	0.04
	…	…
		总计 =1

注：每种翻译出现的概率是基于该单词实际以这种方式翻译的次数（与该单词在语料库中出现的总次数的比值）。由此可知，"mouvement" 是最有可能的翻译，依次是 "geste" 等。本表限定只列出前 7 种可能的翻译，但理论上可以列出更多的翻译，只要对于源语言中的给定单词，其概率之和最终为 1。

实际上，不同的 IBM 公司模型并不限于单词层面上的 1-1 对应，而是假设一个源语言单词可以与 0、1 或 n 个目标语言单词对齐。不同的模型（编号为 1~5）包括不同的优化方法来处理目标语言中的多词表示或在其他语言中没有相应等效的单词（例如，在一种语言中出现而在另一种语言中不存在的限定词）。接下来，对各种模型进行简要概述，而不涉及具体的数学细节。

▶ 模型 1

IBM 公司开发的第一个模型非常简单，认为在初始的默认情况下，目标语言的任何单词都可以是源语言中任意单词的翻译（在给定的双语文本中，两个语句是彼此的翻译）。这一出发点似乎过于简单，但需要注意的是，系统初始并没有任何语言学知识（没有提供词典），而只是基于对海量语料库的分析（现在的大多数系统都会使用数百万条对齐语句）。为了阐述该方法，下面将以一个单个的孤立语句为例，但必须注意，只有从数百万个示例中看出规律性，该方法才能有效。

为了大致确定目标词 m_t 是源词 m_s 可能翻译的概率，可以采集其中包含 m_s 的所有翻译语句中出现的所有单词，然后根据以这种方式所采集单词的相对出现频率来计算各个单词的翻译概率。这从直观上意味着，在没有任何语言学知识的情况下，系统假定目标语句中的所有单词都是源语句中所有单词的可能翻译。为此，对于语句对"the cat is on the mat"⇔"le chat est sur le paillasson"，6个法语单词"le""chat""est""sur""le"和"aillasson"可看作是"cat"具有相同可能性的翻译，对于英语语句中的其他单词也是同样。显然，这种策略不能用于孤立的一个语句（"paillasson"并不是英语单词"cat"的正确翻译），但对于大量语句的分析将会增强"chat"⇔"cat"的关联性（因为这两个单词在双语文本中经常同时出现），而"cat"和"paillasson"的关联性将非常小（意味着最终这种关联的概率将接近于0），因此今后将很可能被忽略。

然而，这种简单的方法引出了一个重要问题：如果目标语句中包含有20个单词，那么每个单词都将是一种可能的翻译，这将与包含5个单词的目标语句的权重相同。但是，由于在这种情况下，每个m_s只有一个等效的m_t，显然，较长的语句将会比较短的语句具有更大的噪声（意味着产生错误的可能性更大）。换句话说，为了增大较短语句的5个单词的各自概率，应该考虑语句中单词的个数。

同时，系统还考虑了语句层面上对齐的所有单词的全局概率：在单词层面上增强联系（如"cat"和"chat"之间）将会相应地增大语句层面上的可能性，反之亦然，如下所述。

根据这一原则，IBM公司定义了一种采用期望最大化（EM）的经典学习算法的处理过程，逐步计算与每个 m_s-m_t 单词对相关联的概率，以及与在语句层面上每种可能对齐相关联的概率。正如已知，这两个概率均相互依赖并逐渐增大。计算该联合概率的EM算法可分为两步：①首先为每个参数赋予任意初始值（通常，源语句中的每个单词可与目标语句中的各个单词以相同概率相关联）；②然后，系统以迭代的方式计算语句层面上的整体对齐概率，接着再在单词层面上计算对齐概率，直到收敛（由于语句层面上的对齐情况会导致单词层面上的对齐概率发生变化，反之亦然，因此该过程是以迭代方式进行的，直到系统达到稳定状态）。

下面以一个示例进行说明。开始时，每个对齐情况和每个单词对应都具有相同概率。两个单词在双语文本（源语句和对应的目标语句）中同时规律性出现的实际情况将会逐渐增大这是彼此翻译的概率，以及这两个单词在语句层面上可能对齐的概率。图13~图16

（引自 Koehn, 2009）清楚地展现了单词层面上的对齐过程。

图13 对齐过程初始化（每个英语单词都以相同的概率与法语翻译中的所有单词相连）

图14 在第一次迭代后，算法根据"la"和"the"在源语言和目标语言中出现的频率，确定两者之间最可能关联，强化这些关联性（以粗线显示）来削弱其他关联以及由此产生的其他可能对齐

图15 再经过一次迭代后，算法又判断出"voiture"和"car"、"chaise"和"chair"以及"red"和"rouge"之间依次是最可能的关联，那么其他可能的连接和对齐就会变得越来越不可能

图 16 当达到收敛时该过程结束,即意味着得到了一个稳定结构。图中的其他连接被删除;但实际上仍具有极低的概率。另外,还可以通过一个阈值来筛选对齐,以便仅选择有限个数的可能性,如本图所示,其他连接已完全删除

所有相关的数学细节,读者可以参阅 IBM 公司的原创性文章(Brown 等人,1993)。对于海量语料库,该算法的应用需要能够控制内存管理和复杂的计算方法。此外,在此展示的示例是经过简化的:在实际应用中,不仅要考虑 1-1 的单词对应,还要考虑 1-m(即源语言中的一个单词对应于目标语言中的 m 个单词)的对应情况,这使得问题更加复杂。最后,值得注意的是,该算法可保证结果最优(即在经过一定次数的迭代后,系统会达到收敛而停止迭代,但对于 EM 算法,默认情况下并非总是如此)。

其他模型都在这一最初模型的基础上推导而得。为更好地考虑特定语言的特殊性并提供更好的翻译,这些模型会更加复杂。

▶ 模型 2

正如人们所知，IBM 公司的模型 1 是认为在单词层面上的所有初始对齐都具有相同的概率（即在对齐过程开始时，所有源语言中的单词 m_s 都可以相同概率与目标语言中的所有单词 m_t 相连接）。这显然是错误的：可以很容易地观察到，在不同语言之间，特别是语系相关的语言（如法语和英语），词序通常是大致相似的。当然，这也并非总是如此，但在这种情况下，源语言和目标语言中的词序之间存在很强的相关性。

为此，模型 2 通过考虑计算单词 m_t 相对于源语言单词 m_s 的相对位置而对模型 1 进行了改进。但这并没有从根本上改变上述算法，只是产生了更好的结果，并在达到收敛之前加速了学习过程。

▶ 模型 3

模型 3 要比模型 2 明显复杂。其目的主要是更好地描述 1-n 对应问题（其中，源语言中的一个单词可翻译为目标语言中的多个单词。例如，英语中的"potato"，对应于法语中的"pomme de terre"）。在之前的模型中并未解决该问题，但这一问题在任何语言之间的翻译中又普遍存在。IBM 公司的模型 3 还解决了其他相关问题：冠词"the"经常被翻译为法语中的一个单词（"le""la""les""l"），但也常常被省略；"only"可翻译为"seulement"，也可表示为"ne…que"（两个非连续词）等。

为此，IBM公司团队提出在模型2中增加"繁殖概率"，即用于表示对于源语句中的每个单词，目标语句中可能对应的单词个数（默认情况下，每个单独的单词都是翻译为另一个简单单词，但对于"potato"，翻译为"pomme de terre"，这表明此时在法语中会有3个单词；而对于"the"，可产生0或1个单词等）。

在此，通过一个相关过程旨在推断目标语句中的一些语义空词。这解决了之前模型的一个局限性，因为这些模型总是需要源语言中的一个单词来产生目标语言中的一个单词。例如，要将"il est avocat"翻译为"he is a lawyer"，必须增加一个英语冠词"a"，这在之前的模型（IBM公司模型2）中是不可能实现的。这一问题可通过"失真概率"来解决，该概率允许在对齐过程中出现空位置，以便在目标语言中正确地生成这些新单词。

▶ 模型4

随后，IBM公司团队观察到语句的某些部分可不同程度地自由移动，这也可能导致一个语句与其翻译之间的结构变化。一对语句在源语言和目标语言中可能具有相同结构，但也可能由于某一短语的移动而不同（例如，"He has lived in New York since last year"和" Il habite depuis l'année dernière à New York"：这两个语句具有相同结构，只是" in New York "与法语语句末尾处的"à New York"存在不同）。

之前的模型主要是基于单词层面上的对应，而不能很好地处理这类问题。为此，模型4对模型3中所提出的失真概率进行了修改，以考虑可在语句中移动的文本块。

▸ 模型5

模型5没有对模型4进行任何实质改进，但可以避免不相关的序列，否则将在给定问题形式化的情况下需考虑。模型5在数学上更精确，但所需的计算也要复杂得多，而且由于模型5需要更多的训练数据，还可能使得所得结果与之前模型的结果相差无几，甚至更差。简言之，由于模型5主要是考虑计算问题，且从语言学角度来说并没有增加任何新内容而可不予考虑。

▶ 翻译（或处理）阶段

在此，需要提醒读者，采用统计方法时，翻译过程主要包括两个基本步骤。首先，系统利用海量的双语文本语料库（在语句层面上对齐的文本）来自动获取有关单词翻译和在语句层面上所有单词可能对齐的信息。这就是在上一节中所介绍的（该阶段通常称为"训练"或"学习"阶段，或甚至是"编码阶段"，因为这一阶段涉及语言信息的编码）。

然后，在处理阶段（也称为"测试"或"在线"阶段）要利用从双语语料库中提取的知识来翻译提交给系统的新语句。该阶段也称为"解码器"，因为系统此时试图"解码"输入的语句，就好比解码一个加密信息一样。

每次将源语言中的一个新语句作为输入提交给系统后，系统就将该语句分为独立的单词，为每个单词寻找最可能的翻译，并考虑翻译模型对词序的约束条件。

语言模型使得评估目标语言中不同候选翻译的概率成为可能。这对于翻译结果的质量至关重要：根据语言模型，可以考虑并非一定是基于单词层面上最可能等效单词的翻译。仅通过将每个孤立单词的最可能翻译连接而成的翻译语句将会具有非常低的整体概率,而包含较低概率翻译单词的单词序列在语句层面上可能具有较高的概率。接下来,举例说明。语句"The motion fails"中包含了"motion"一词,其最有可能的翻译是"mouvement"(见上节)。在默认情况下,翻译(只是基于最有可能的单词)应该是"le mouvement est rejeté",而这在法语中没有任何意义。相比之下,翻译"la motion est rejetée"的可能性要大得多(即使对于英语单词"motion","motion"的可能性也要小于"mouvement")。这是正确的翻译,也是模型正确预测的结果。

寻找最佳翻译实际上还涉及对许多可能的选择进行排序,每个单词都有多个对应的翻译,或甚至无需翻译成目标语言。称为"解码器"的模块负责寻找可能的最佳翻译。其作用是在考虑翻译模型和语言模型的条件下,找到能够在语句层面上得分最高的解。

寻找最佳翻译实际上还涉及对许多可能的选择进行排序,每个单词都有多个对应的翻译,或甚至无需翻译成目标语言。

从计算角度而言，用于求解这类问题的技术可能相对复杂。具体目标是逐步消除可能性最小的局部假设，以有效地收敛到最有可能的全局解。这类算法并不是专用于机器翻译，也常用于语音分析。对于语音，需要通过大量的偏微分分析计算一个最佳得分来获得好的翻译，而这些偏微分分析常常相互重叠且互不兼容。

▶ 返回到研究领域的根源

IBM 公司模型在某种程度上是返回到该领域的根源，因为所提出的技术直接回应了 Weaver 在 1949 年提出的几个问题。旨在产生翻译的模块有时也称为"解码器"，这绝不是巧合。这是提醒通信交流的一般模式，且目标是通过将其翻译成目标语言来"解码"源文本（见第五章）。

IBM 公司设计的模型取得了巨大成功。这些模型不断修正、修改和改进。直至今日，其仍是目前大多数机器翻译系统的基础，尽管现在该领域的所有主要研究人员正逐步研究一种称为深度学习的新技术（见第十二章）。

然而，这些模型也有其自身的局限性，主要是需要大量数据才能达到理想的性能。在随后的内容中，将主要讨论这些模型的最新发展，但同时也会分析针对稀有语言的研究现状，这些语言没有足够的数据来用于实现精确的统计翻译系统。

第十章
基于分段的机器翻译

在第九章介绍了 IBM 公司开发的模型在机器翻译中的成功应用。这些模型的一个主要局限性在于其主要是基于单词层面的对齐（即主要是产生逐字翻译，即使也允许源语言中一个单词对应于目标语言中多个单词的 1-m 对齐）。本章介绍了 20 世纪 90 年代和 21 世纪初旨在克服 IBM 公司模型主要缺陷的发展。讨论如何将句法和语义特性信息逐步集成到模型中，以弥补完全统计方法的局限性。

▶▶ 面向分段的机器翻译

IBM 公司模型现已得到大量改进，最显著的改进是考虑了分段（或词序）的概念，以克服简单逐字翻译的局限性。在其他改进中,双重对齐的概念也值得一提,因为这极大地提高了在双语语料库中搜索单词层面上翻译的质量。

▶ 双重对齐

IBM 公司模型能够判别诸如对于源语言中一个单词,目标语言中存在 0、1 或 n 个单词的对应关系。然而,原始的 IBM 公司模型由于其形式化问题而不能获得相反的对应关系(也就是说,目标语言中的一个单词不能对应于源语言中的多词)。这是这些没有语言学基础的模型的一个主要局限性,因为多词表示显然存在于每种语言中。因此,有必要克服 IBM 公司模型所固有的这种限制,以允许 $m\text{-}n$ 对齐(即源语言中任意个数的单词对应于目标语言中任意个数的单词)。

最初的 IBM 公司发表的文章特别提到了图 17 所示的示例,这是 1993 年所提出的模型无法处理的。

The poor don't have any money.

Les pauvres sont démunis.

图 17 IBM 公司模型无法实现的一个对齐示例。语句 "don't have any money" 对应于法语中的 "sont démunis":这是一个 $m\text{-}n$ 对应示例(在此,$m=4, n=2$,如果将 "don't" 看作一个单词,那么就是 4 个英语单词对应 2 个法语单词)

解决这一问题的一种方法是首先计算从源语言到目标语言的对齐,然后从相反方向重复上述操作(从目标语言到源语言)。保持这两种方向上的对齐,即所考虑的单词在两个方向上均对齐。利用这种技术实现的对齐通常是比较精确的,但对于双语文本的覆盖面较小。总体而言,这种方法存在两个主要缺陷:首先,对齐过程要比简单对齐更加复杂,由此计算时间更长;其次,在对齐过程结束时,由于双向对齐的约束会不予认可单方向上的大量对齐,从而导致许多单词不再对齐。然后必须采用各种启发式方法将对齐扩展到相邻单词,以补偿所产生的覆盖问题(双重对齐,或"对称性对齐",可看作"信任岛",见第七章)。

现已表明,该方法可改进原有 IBM 公司模型的计算结果。然而,为了在使用这些模型时获得较好的数据覆盖面,必须具有大量数据,这又使得这些模型在某些情况下不可行。

▶ 基于分段的机器翻译一般问题

由上节已知,双重对齐方法有利于判别 m-n 的对应翻译,如 "don't have any money" ⇔ "sont démunis"(其中,4 个英语单词对应于 2 个法语单词)。实际上,可以将这种方法进行推广,从而将翻译问题看作单词序列层面上的对齐问题，而不仅仅是孤立单词层面上的对齐问题。目的是在短语层面（即几个单词的序列）上进行翻译：这将能够更好地考虑上下文，从而提供比简单逐字翻译质量更好的翻译结果。

可以将这种方法进行推广,从而将翻译问题看作单词序列层面上的对齐问题,而不仅仅是孤立单词层面上的对齐问题。

自 20 世纪 90 年代末以来，一些研究团队已解决了这一问题，并提出了各种策略。一种策略是系统地对称对齐（见上节），以便判别所有可能的 *m-n* 对齐。其他研究人员则试图通过描述句法短语的规则来直接判别文本中的语言固有序列（这可看作首次尝试在翻译过程中引入轻语法分析）。另外一个研究思路是从基于示例的范例中导入一些技术（见第八章），其基本思想是通过标记而不是单词表单进行对齐来使得对齐过程更加健壮和精确。例如，对于计算机而言，下面的两个语句可能看起来完全不同，因为一些单词根本不同："In September 2008, the crisis … "和" In October 2009, the crisis … "。然而，如果系统能够识别日期表达式，则可以识别两个语句的结构均为"In <DATE>, the crisis"：从而可以成功对齐。这种技术可以显著提高对齐的质量。

与更复杂的 IBM 公司模型相比，尤其是 IBM 公司模型 4，这些模型所获得的结果有了明显改进。然而，这些结果仍非常依赖于训练模型：数据越多，模型就越精确。此外，分段模型需要比基于单词对齐的模型更多的训练数据。最后，值得注意的是，分段的概念通常并不等同于短语的概念。仔细观察所得到的结果，可以表明通过海量双语语料库的训练所获得的片段通常对应于频繁且零碎的词组（例如，"table of "或" table based on "）。相反，如果只对语言固有短语进行分析（例如，"the table"或"on the table"）将会严重影响翻译结果。换句话说，如果强迫系统关注与句法完备组相对应的语言固有序列，那么结果还不如不考虑语法的纯机械方法那么好。

基于分段的机器翻译方法最具挑战性的问题是系统需要根据零散的翻译片段来生成相关语句。图18给出了在选择翻译片段后一个简化而典型的情况（图18是简化后的，因为此处待翻译的语句很短，所考虑的片段个数有限，且在实际系统中，所有片段都有概率得分）。

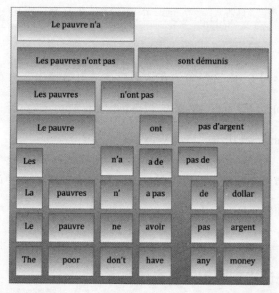

图18 基于分段的翻译：已发现对应于孤立词或较长单词序列的不同片段（系统必须从这些不同的翻译片段中找出最可能的翻译。尽管可能"les pauvres n'ont pas d'argent"比"les pauvres sont démunis"更合适，但也是可以接受的，因为自动翻译系统的目的是提供直译，而不是文学翻译）

由图 18 可以清楚地看出，只有仔细选择一些片段才能产生有意义的翻译。目标语言的语言模型有助于在目标语言中找到最可能的序列，也就是说，试图将符合语言学的语句与不合理的语句分开（在这一阶段，与源语句无关）。

正如人们所知，这些模型比基于简单单词的原始 IBM 公司模型要复杂得多。因此，与原始 IBM 公司模型相比，可能需要相当长的处理时间。计算机计算能力的不断提升对这一问题会有一定程度的弥补。从语言学角度来看，应该指出的是，这些模型不能判别不连续的短语（即源语言中的一个单词对应于目标语言中的非连续单词），而这些短语在法语或德语等语言中非常重要（英语："I bought the car" ⇔ 德语 "Ich habe das Auto gekauft"；英语："I don't want" ⇔ 法语 "Je ne veux pas"）。

本节所介绍的最新发展可以改进 IBM 公司模型，并认为是目前机器翻译的最新技术。

▶ 在统计模型中引入语言信息

尽管统计翻译模型变得越来越复杂以更好地适应语言特性，但仍没有解决面临的所有难题。事实上，双语语料库，即使是海量语料库，有时也不足以很好地涵盖罕见或复杂的语言现象。一种解决方案是在机器翻译系统中集成更多语言学特性的信息，以更好地表征单词（语法）及其含义（语义）之间的关系。

▶ 考虑句法的对齐模型

迄今为止，所介绍的统计模型都是直接翻译系统：在单词层面上，或最多是考虑不一定在语言上固有的单词序列，搜索源语言和目标语言之间的等效关系。正如人们已知，仅在完全统计基础上考虑判别片段的策略要比仅保留语言学短语（例如，名词短语或动词短语）的策略更有效。

目前已进行了许多尝试，以更好地在机器翻译过程中考虑句法。这可通过集成解析器（也称为句法分析器）来实现：解析器是一种试图自动识别待分析语句句法结构的工具。回顾 Vauquois 三角形（见第三章中的图 2），句法可用于考虑单词之间的关系。例如，语句中相距较远的单词之间的关系是很难通过纯粹的统计模型来发现的。然而，在理论上，解析器能够考虑单词之间的关系，即使这些单词在表面上是不相邻的。Vauquois 认为，句法涉及等效句法结构之间的转换规则，而不是逐字翻译。

从理论上来看，这类方法可以更好地分析在某些语言中常见的不连续语素（如上述德语示例中的"Ich habe das Auto gekauft"，分析器应将"habe gekauft"作为一个整体来识别，而不管之间相距两个单词）。句法还有助于表征介词与后面名词短语之间的连接，或动词与其对象（主语、宾语等）之间的连接，这些往往都彼此相距较远。

正如之前所述，这种方法需要各种待处理语言的"解析器"（自动句法分析器）。然而，这些都是非常复杂的工具，且很不完美，其质量会根据所考虑的语言不同而有很大差异。因此，在机器翻译中应用这些工具是一项复杂的操作。

将解析器集成在机器翻译系统中的一个基本方法是分析源语句的结构（以生成一个"语法树"），然后对于语法树的每个层次，来确定目标语言中的一个等效结构。可以想象，判别不同语言之间的等效结构是一项艰巨的任务，会导致许多"失联"[也就是说，许多待翻译的语句中都包含了在训练数据（即可用的对齐双语语料库）中尚未观察到的结构]。因此，有必要设想一个即使系统无法从句法角度正确分析整个语句，也能进行翻译的过程。尝试了各种不同策略，尤其是从基于示例的范例继承而来的"泛化技巧"，如果无法正确分析一个语句或一个语句的一部分，那么就试图找到一个相似结构。

对于某些语言对来说，解析器也可能只存在于一种语言（源语言或目标语言），而在另一种语言中不存在。现已进行了一些实验，仅在翻译过程的一方集成了解析器，但结果喜忧参半。

总体而言，在翻译过程中集成句法的思想还是很有发展前景的。然而，该方法尚处于初期阶段，且目前还没有获得比采用基于分段的直接翻译技术的简单模型更好的结果。首要原因是句法解析器具有高变性能。此外，如果工具出错，将会在整个翻译过程中"渗透"。"失联"问题（即解析器无法提供相关分析或目标语言中没有直接等效的句法结构）是导致性能有限的另一个主要原因。这一问题在某种程度上是合乎逻辑的：在不同的语言中，对一个事物的措辞往往是不同的。因此，在目标语言中没有直接等效结构也就不足为奇。但这对于在翻译过程中集成句法解析器无疑是一个严峻挑战。

到目前为止，句法似乎在某些特定的上下文或某些语言（如德语，动词经常分为两个元素）中特别有用。该方法的主要优点是，进行局部或有限的句法分析来解决每种语言的一些特定问题。所有这些都使得句法既是改进现有系统的一条重要途径，也是在实际应用中一个较难以实施的解决方案。

▶ 考虑语义的对齐模型

语义分析显然仍是机器翻译领域的一个重要方法。现已知道，迄今为止，系统主要还是利用海量双语语料库作为主要的数据来源。另外，人们还发现，集成语言知识并未对现有的各种不同系统有太多的改善。然而，尽管如此，该领域的大多数专家都认为为了克服目前的局限性，在短期或中期内还是有必要集成语义信息的。

事实上，语义资源已得到了很好的利用，即使是一些著名的翻译系统。例如，Google 翻译系统集成了 Wordnet，这是普林斯顿大学开发的一个大型英语词汇数据库。Google 公司还根据所考虑的语言使用了其他语义资源。语义资源可用于消除歧义元素：例如，如果系统需翻译"the tank was full of water"，就必须确定"tank"是指"a container that receives something"还是"a military vehicle"。Wordnet 提供了针对"tank"的一长串作为容器的同义词，其中包括"bucket"一词。经验证，语句"the bucket was full of water"更适合（而"the armoured vehicle was full of water"几乎没有这么使用过），由此提示用户在语句中将"tank"判别为表示一个容器(或更确切地说,是"reservoir")。

通过集成大型同义词数据库,可将某些单词(主要是名词和动词)分组到语义类中,从而提供了更抽象的表征。然后,系统可不通过表面发散来确定相同的结构。语义分析还可以用于判别特定的序列,如命名实体(专有名词、日期等),同样可以提供更一般和更抽象的表征。这与之前讨论过的基于示例的翻译的策略非常相似(见第八章)。

更深层次的语义分析可以提供待翻译语句语义结构的表征。这尤其适用于动词、动词对象以及在语句中的作用(主语、宾语或甚至更好、更具代表性、更平稳、更经得起时间考验的对象等)。另外,还对应于 Vauquois 三角形的顶点(见第三章)。尽管目前许多研究小组都主要关注于自然语言处理中的这些问题,但性能仍太差而无法像机器翻译系统那样实际应用于任何文本。在今后的几年中,这仍然是一个主要的研究方向,但考虑到任务难度,集成语义分析的翻译系统能够真正有效可能还需要几年的时间。

第十一章
统计机器翻译的挑战与不足

追溯发展历史，非常值得讨论统计机器翻译的一些局限性。与该方法本身相关的一个基本问题是，仅通过将这些从海量双语语料库中提取的单词序列简单排列在一起就真地可以进行翻译吗？利用这种方法可以获得怎样的翻译质量？在本章末尾处将讨论上述问题。

同时，希望利用这一方法来解决另外两个问题。显然，当源文本的语言和目标文本的语言之间在一定程度上比较相近时，语句对齐效果较好。这将对所期望的机器翻译系统性能有较大影响：若将统计方法应用于相差较大的语言，会是什么效果？将汉语或阿拉伯语翻译成英语注定会效果很差吗？最后，统计翻译的前提是需要具有海量双语语料训练库。因此，一旦脱离最能表征语言的互联网环境,就会出现问题。

▶ 语言多样性问题

与英语相差较远的语言

正如人们所知,目前大多数机器翻译系统都是采用统计方法。在处理相似语言时,在单词或分段层面上判别等效翻译会更有效,因为这些语言具有相似的语言结构。这在各种系统的性能上可以直观地体现(见第十三章):相比之下,法语或德语与英语之间的翻译要比阿拉伯语、日语或汉语与英语之间的翻译更容易些。即使这些语言之间存在着重要差异。例如,从德语翻译成英语要比从英语翻译成德语的效果更好,这是因为德语中的复合词(即几个简单单词组成的一个长字符串的复杂组合形式)在自动翻译处理中仍存在问题。现在,已对如何自动分解德语中的复合词较为熟悉,因此,在翻译成英语时,复合词就显得不成问题。然而,对于自动生成德语复合词的系统来说,生成正确的德语复合词仍是相当困难的,这意味着在翻译成德语时,可能会产生质量很差的翻译。

针对翻译成日语或汉语或阿拉伯语近年来已取得了大量研究成果。与法语或西班牙语等印欧语系的语言相比，系统的性能仍比较差，这是由于这些语言的结构与英语结构有着很大的不同。对于这些语言，开发集成了统计组件和考虑到语言特性的高级语言模块的混合系统可能是未来几年的发展方向。现在对于形态学丰富的语言（即可从一种基本语言形式衍生出许多不同表层词形的语言），已正在开发这类混合系统：在此情况下，处理形态学问题的特定语言模块非常有助于提高自然语言处理系统的整体性能。

▶ 稀有语言的案例与中枢语言的回归

为了能够得到令人满意的效果，所有统计翻译系统都需要大量的双语文本。目前，由数百万条对齐的语句组成的语料库非常普遍。正如 Mercer 所说的，"最好的数据就是更多的数据"（见第七章）。

因此，很显然，除了互联网上广泛使用的少数几种语言，系统性能大多会显著下降，特别是如果其中一种语言（源语言或目标语言）不是英语时。这些语言在互联网上的数据量不足以获得良好的性能。目前，已提出一些技术来克服双语数据匮乏的问题。

例如，可以从大型单语语料库中获得更多的信息，但这对于翻译任务仍然不足。

一种主流的策略是尝试设计以英语作为中枢语言的翻译系统，以在一定程度上克服缺少训练数据的问题。其基本思想是当两种语言间没有足够的双语数据时（例如，希腊语和芬兰语），解决办法是首先将希腊语翻译成英语，然后再将英语翻译成芬兰语。这种方法非常简单，在某些情况下可以得到很好的结果。然而，这并没有真正解决该问题：英语的翻译质量有时很一般，并且两次翻译也增大了出错的可能性。

多次翻译问题也是常见的，即使在相同的两种语言之间进行迭代翻译时也会遇到（例如，从英语到法语，然后再翻译成英语）。典型的示例是有一句话："The spirit is willing, but the flesh is weak"（心有余而力不足）。翻译成俄语，然后再翻译成英语后就变成"The whiskey is strong, but the meat is rotten"（威士忌酒很烈，但肉是烂的）。当然这是一个虚构的示例⊖。这个段子之所以能流传很久，是因为翻译结果太搞笑，但同时也说明了这样一个事实，

⊖ 该示例最早出现在 20 世纪 60 年代初的一篇关于机器翻译的评论性文章中，但这并不是一个真正翻译系统的结果；当时的系统只能够提供有限的词典，而不会产生这类错误，且在实际应用中，真正的问题在于缺乏更多的词汇覆盖面，而不是不准确。

即多次翻译会导致逐渐偏离原文，直至翻译结果完全不可理解。

尽管"中枢语言法"存在着这些众所周知的问题，但许多专家指出，Google 翻译逐步将英语作为中枢语言。这常常会产生奇怪的结果。正如 Frédéric Kaplan 在其博客中指出的[①]，利用 Google 翻译，"Il pleut des cordes"会翻译成意大利语"Piove cani e gatti"。同样，"Cette fille est jolie"也会奇怪地翻译为"Questa ragazza è abbastanza"（"this girl is quite"（这个女孩很漂亮））。这些错误的产生就是因为将英语作为一种中枢语言。在法语表达"Il pleut des cordes"中，Google 翻译会判别为一个固定表述而不应逐字翻译。在此情况下，正确的英语翻译应该是"It rains cats and dogs"（倾盆大雨），但系统无法找到在意大利语中的等效表述，只能进行逐字翻译，尽管富有诗意，但并不准确。至于另一个示例中的"joli"，系统将"pretty"判别为等效的形容词，但似乎混淆了"pretty"在英语中的形容词和状语，因此，翻译为"quite"（"abbastanza"）而不是"nice"或"beautiful"。

随着 Google 公司不断更新其翻译系统，这些示例很快就失去了关联：Kaplan 的博客文章日期是 2014 年 11 月 15 日，而在 12

---

① https://fkaplan.wordpress.com/2014/11/15/langlais-comme-langue-pivot-ou-limperialisme-linguistique-cache-de-google-translate/.

月1日,"Il pleut des cordes"的意大利语翻译已变成"Piove a dirotto",这是一个正确的翻译。显然,Google 公司正在努力改进诸如法语中"il pleut des cordes"或英语中"it rains cats and dogs"的固定多词短语的翻译:这些短语很特别,应作为一个整体进行翻译而不是直译。显而易见,在进行英语表达时,不会说从天上掉猫和狗!这就是对当前系统改进的主要来源,但由于任何语言中都有大量的固定表述,因此任务量巨大。

显然,用英语作为中枢语言有几层含义。首先,强调了英语作为世界语言的主导地位以及文化领导权。此外,尽管官方语言促进了语言多样性,但显而易见,主要研究对象还是针对占主导地位的一些语言(互联网上的少数语言)。Google 翻译官方宣传可以实现100多种语言之间的翻译,但在实际应用中,结果很不均衡,对于一些语言几乎不可用。

尽管官方语言促进了语言多样性，但显而易见，主要研究对象还是针对占主导地位的一些语言（互联网上的少数语言）。

最后，需要特别注意的是，自20世纪90年代以来，统计机器翻译领域的进展不仅与可用数据越来越多有关，而且也与计算能力的快速提高有关。深度学习方法采用了一些在某种程度上由80年代提出但当时由于计算能力的局限性而无法应用的算法。但如今已有了很大变化，正在开发高效翻译系统的公司具有超强计算能力已不足为怪。

▶▶ 如何快速开发针对新语言的机器翻译系统

尽管目前统计机器翻译系统仍占主导地位，但还是应注意基于规则的翻译系统的优点。另外，现在认为历史上的大多数翻译系统都是"混合型"的：试图将符号方法的优点（即语言之间覆盖面广的字典和传输规则）与统计方法的最新成果相结合。最后，对于数据量太少而无法开发统计翻译系统的稀有语言，仍主要是采用基于规则的翻译方法。

▶▶ 混合机器翻译系统

随着统计翻译系统的成功应用，大多数传统翻译系统（基于大词汇量和转换规则）逐渐尝试将统计信息集成到这些方法中。一个突出的例子是 Systran 公司，这是在基于知识和统计的翻译方法提出之前，是 21 世纪早期基于规则的翻译方法的拥趸。在此，特别是采用语言模型来控制翻译过程的流畅性具有显著优点：Systran 系统首先利用统计信息来修正输出结果并生成更流畅的翻译。

在实际应用中，统计信息可以无穷多种的方式集成到符号信息的系统中。例如，可以根据主题（如医疗、法律和信息技术领域）设计动态适应系统的模块（用于翻译的词典和规则）。统计方法还有助于在单词层面上选择正确的翻译。例如，如果系统检测到与军事领域相关的文本，那么"tank"作为一种军事车辆的含义将优先于容器等其他含义（有关这一主题的更多信息，请参见第十章）。

总体思路当然是将现有的丰富资源（有时是多年研究和开发的成果）与统计方法的高效率相结合。现在可以说，基于规则的方法和统计方法之间的差别已大大缩小：目前大多数商业翻译系统都是采用混合方法的。现在即使是 Google 公司也正在将越来越多的语义资源集成到系统中，使之成为真正的混合翻译系统。

▸ 基于规则的系统现状

最后，还需要关注仅基于规则和双语词典（几乎没有或根本没有任何统计信息）的传统翻译系统的现状。当可用的双语语料库太少时，统计方法就不再有很大作用。

在基于规则的翻译系统开发过程中，存在着各种不同的系统。Apertium(www.apertium.org) 就是这样一种平台，该系统最初旨在用于只需有限条转换规则的相对关联密切的语言（例如，两种方言或两种紧密相关的语言，主要是在词汇和语法上不同）。但过了一段时间后，该平台也可以对互联网上所有不相关的语言有用。甚至可以专门处理稀有语言，如巴斯克语、布雷顿语或北萨米语（一种来自斯堪的纳维亚半岛北部的语言），这些语言在这一系统中都是可用的（系统现有大约 30 种语言的可用数据，但只能对 40 个语言对进行翻译，且大多数都是一个方向上的翻译）。系统性能会根据所考虑的语言对而变化，且大多数可翻译的语言对都是基于双语词典和重新排序规则而实现的。该项目的一个目标是推广稀有语言，并提供对无法翻译文本的访问。另外，还旨在让人们对这些在很大程度上濒危的语言产生兴趣。

▶ 当前挑战：新语言对机器翻译系统的快速发展

在此，需要对机器翻译领域目前面临的挑战进行说明：针对至今尚未涵盖的语言，机器翻译系统得到了快速发展。这主要涉及国防和情报行业；根据地缘政治风险，监视和情报需求也在快速演变（见第十四章，专门讨论机器翻译的市场）。

从技术角度来看，面临的挑战主要是如何快速收集所考虑语言的双语语料库。虽然语料库的自动收集是当今成熟的技术（见第七章），但实际收集的数据量往往不足以开发可操作的机器翻译系统。由于大多数目标语言都是与英语相差甚远的语言，因此，翻译结果没有关系紧密的语言对那么好。

在这种情况下，统计方法就不再是主导方法。任务在很大程度上是手工开发大型双语词典。收集和处理单语语料库，以便自动产生目标语言中的大量词汇表。然后，通过一个自动过程，或更可能是一个语言学家小组来提供单词翻译，使之能够快速开发一个基本的翻译系统。这种系统的生成速度很大程度上取决于项目雇佣的语言学家的数量，但这类需求是目前机器翻译业务的一个重要部分。

▶ 是否统计过多

机器翻译的现状对该领域的研究提出了许多基本问题。翻译语义知识是否是翻译的必要条件？是否可解决统计问题？另外，当前系统，特别是那些基于统计的系统，可以完全脱离语义吗？最后，现在所使用的方法能否继续取得重大进展，还是能预见在不久的将来会出现阻碍发展的重大缺陷？

▶ 基于统计的翻译系统的主要局限性

机器翻译领域的专家已经针对所有这些问题进行了深入讨论。目前，系统主要是基于机器学习方法这一先进技术，而语言学则被搁置。正如将在第十四章所见，商业化问题很关键，这会对开发人员施加更大的压力以要求找到有效的短期解决方案。同时，每年进行的评估会议都要对翻译系统的进展进行评测：竞争激励，导致几乎没有时间对当前状态进行反思。

首先要回顾的是，自20世纪90年代以来，在机器翻译领域取得了不可否认的进步。统计方法使之能更好地处理大量频繁出现而又重要的现象（如在单词层面上寻找最佳翻译、处理局部歧义、不同语言约束互相矛盾时的各自作用等）。这些现象通常不能令人满意地通过基于规则的方法来解决。然而，统计模型的成功也使得一些支持者认为最近的进展是有问题的[一]。利用现有的统计技术能够较好地解决一些局部现象，但也应考虑更复杂的现象。

许多非常常见的语言现象（一致性、协调性、代词消解）确实需要进行更复杂的分析。统计翻译系统很少或根本无法解决（但需要注意的是，这同样适用于基于规则的系统，这些系统也需要考虑局部上下文）。目前的技术水平太有限，还无法处理这些复杂的问题。句法分析很难，但语义分析更难，目前尚且不知该如何正确地解决这类问题。

▶ 统计并不排斥语义

近来关于机器翻译方法的一个热点问题是上下文的统计状态。人们普遍认为统计是与语义相对的：一方是计算；另一方是单词和语句含义的表示。但这种相对性是非常笼统的。正如在前几章所见，统计可以根据上下文对单词的不同含义进行准确建模。同

[一] 例如，参见 Ken Church 的论文《钟摆摆得太远》。自 20 世纪 90 年代以来，统计方法的影响在很大程度上阻碍了研究人员在需要深入分析的更基础性的语言方面的研究。

时,还能有效地找到单词或短语层面上的等效翻译。

这又引出了另一个问题:一个单词的含义究竟是什么?如何进行表征?准确地定义单词含义的确很难。这是词典编纂者花费多年来编纂词典所进行的工作,但所提出的词义列举是非常具有主观性的,并不总是与上下文中的单词用法相对应。此外,不同词典的定义有着明显不同,尤其是抽象概念和功能词汇。

鉴于这种情况,应该考虑到,尽管难以确定精确的定义,但是任何一个说某种语言的人都很容易给出某一给定单词的同义词或该词在上下文中的用例。事实上,不同的词义对应于不同的使用语境。因此,难点在于对"语境"概念的定义和表征。也就是说:如何仅通过观察一个单词在海量语料库中的用法来确定其各种含义?如何判别使用模式?词典编纂者(负责编写词典的人)通常使用多种工具和标准来定义不同的词义,以试图达到全面、常用和连贯。统计方法就有助于以自动化方式实现这一过程并获得常常不同但总是很恰当的结果。

针对词义问题,多语语料库提供了一个直接且相当自然的模型。一个单词越模糊或模棱两可,那么就越与目标语言中的各种不同单词相匹配。相比之下,表达方式越稳定和固定(例如,

"cryptographie"），则越容易与有限个单词（例如，"cryptography"）对齐，因为这些单词没有（或较少）歧义。同理，该方法能够判别一个多词表示（例如，法语中的"pomme de terre"）对应于目标语言中的一个孤立单词（英语中的"potato"）。对于固定表达也是如此（"kick the bucket"或"passer l'arme à gauche"都是指"to die"）。统计方法尽管似乎过于简单或粗糙，但如果训练得当，系统不会将"kick the bucket"翻译成"frapper le seau"或将"passer l'arme à gauche"翻译成"pass the weapon to the left"（但在固定表示未被正确判别时可能会发生这类问题，如本章前面所述）。这些示例表明统计分析可以对多义词、习语和固定表示直接建模，而无需任何预定义的语言学理论。

甚至可以断言，根据统计分析得到的这种表示要比形式化方法所建议的更恰当，从认知上更合理。歧义和多义（即含义）等概念与用法紧密相关，而并非绝对概念。在这方面，可以理解为统计分析有助于在单词出现的不同上下文中定义其各种含义等。从 Ludwig Wittgenstein 到 John Rupert Firth，许多语言学家和哲学家都赞同这一观点。后者提出了著名格言："应通过它所伴随的情况来理解一个词"（即应通过上下文来理解一个词的含义）。这句话在现代自然语言处理文本中屡屡被引用。当前方法可能对于

Wittgenstein 或 Firth 来说没什么用，但无疑是最接近文本的，且消除了语义学中"形而上学"的一切可能（对人工表示模式、通用语言概念、将语句转换成逻辑形式的目标等问题）。这些方法可能会形成关于单词含义的新的理论基础。

然而，应牢记本章开始时的观点：统计机器翻译系统所采用的表示在大多数情况下仍是局部的，并不能解决与语义相关的基本问题。词汇语义学（即单词含义）在当今已比较成熟，但是命题语义学（即语句含义以及语句之间的关系）仍很难实现，因此，在很大程度上是"未知领域"。这正是第十二章所介绍的一种称为深度学习或神经网络机器翻译的新方法所试图解决的问题。

第十二章
深度学习机器翻译

近几年来，随着神经网络的兴起，出现了一种称为"深度学习"或"分层学习"的新型统计学习方法。神经网络最初是受生物大脑的启发：神经元传递和处理基本信息，由此大脑能够构建复杂的概念和想法。与人脑一样，人工神经网络也被认为能够根据以分层形式构成的不同信息片段来构建复杂的概念。但正如 Goodfellow 等人（2016，p.13）提出的："现代术语 - 深度学习超越了神经科学对当前机器学习模型的理解。该方法是诉诸学习多层结构的更一般原则，而这些原则可应用于不一定受神经启发的机器学习框架。"

该方法受到了广泛的新闻报道。尤其是在 2016 年 3 月，Google 公司 Deepmind 基于深度学习的系统 AlphaGo 在围棋游戏中击败了世界冠军。这种方法在诸如围棋的复杂环境中特别有效，这是因为由于组合爆炸而不可能探索所有可能的组合（即不可能很快地系统性探索所有可能性）。

人类语言的复杂性有些不同：语句或文本的整体意义是基于模糊的单词，词义之间没有明确的界限，且所有词义都相互关联。此外，词义在不同的语言中并不直接对应，且根据所考虑的上下文和语言，相同的概念可以由单个词或一组词来表示。这也解释了为何人工指定自动机器翻译系统所需的所有信息是不可能的，以及为何翻译任务当前仍具有高度挑战性且计算很复杂。在此情况下，深度学习提供了一种特别适合于解决人类语言处理所面临挑战的有效方法。

▶ 深度学习机器翻译概述

深度学习首先在图像识别方面得到了成功应用。深度学习通常不是利用一组预定义的特征，而是从一组海量示例（例如，数十万张人脸图像）中自动提取最相关的特征（称为机器学习的特征）。学习过程是分层的，首先从基本元素（图像情况下的像素、语言情况下的字符或单词）开始，以识别更复杂的结构（图像中的线段或线条、语言情况下的单词或短语序列），直到获得对待分析对象的总体分析（一种形式、一个语句）。这常常通过人类感知来类比：一方面，大脑快速分析一组简单项以便识别更高层次的特征；另一方面，从特征中识别复杂的形式，甚至可以从部分信息中推断出复杂表征（这基本上是 Necker 立方体的情况，其中大脑从二维图中推理出三维表示，见第二章中的图 1）。

在机器翻译情况下，深度学习可以设想具有一种很少元素被手动指定的系统，其思想是让系统自行从数据中推断出最佳表示。在某种程度上，这是纯统计模型的思想，但实际上仍有许多参数需要手动调整。例如，IBM 公司在 20 世纪 90 年代早期为机器翻译提出的 5 个模型，每个模型都需要引入手动定义的不同表示来修正前一个模型的某些缺陷。相反，深度学习至少在理论上可以完全自主地逐步从数据中学习复杂特征，而无需事先的任何人工干预。

在机器翻译情况下,深度学习可以设想具有一种很少元素被手动指定的系统,其思想是让系统自行从数据中推断出最佳表示。

一种基于深度学习的翻译系统（又称为"深度学习机器翻译"或"神经网络机器翻译"）可简单地由一个"编码器"（分析训练数据的系统部分）和一个"解码器"（根据编码器分析的数据，针对给定语句能够自动生成翻译的系统部分）组成。之前已观察过传统统计方法的这一词汇表（见第九章），但在此，编码器和解码器都是基于神经网络，而传统统计方法是利用模块组合（通常，是编码器部分的一个语言模型和翻译模型）来使用不同的优化策略。在神经网络中，每个单词都通过一个数字向量进行编码，且所有单词向量都逐步组合以产生对整个语句的表示。在某种程度上，可以说深度学习机器翻译采用了比统计机器翻译更传统的结构，因为编码器可看作源语言的分析器，而解码器生成目标语言的翻译（如Vauquois（沃古瓦）三角形所示；见第三章中的图2）。

通过深度学习，同时管理各种类型的信息可以产生更加可靠的决策。虽说这些模型都是分层的，但实际上是多维的，意味着每个元素（单词、短语等）都是置于更丰富的上下文中。根据著名格言"不知其义观其伴"（来自英国语言学家Firth），该方法是基于相似上下文中出现的单词可能具有相似含义的假设。然后，系统试图识别和分组在相似翻译上下文中出现的单词，即所谓的

"单词嵌套"。该方法使得翻译过程比目前系统更加全面，也更加鲁棒：如果某个单词不常见，这可能不是问题，因为在类似上下文中出现的其他单词可能会提示出有价值的翻译。另外，一个单词有不同含义也不是问题，因为该词可以属于不同的单词嵌套，反映了不同的使用场合。

深度学习方法的第二个特点是这些模型是"连续"的。在统计机器翻译中已部分实现，因为在该框架中，单词被认为是"多少"有些相似的（意思是所有单词对都具有 0 和 1 之间的相似得分）。这种表示在认知上似乎比传统同义词词典给出的表示更加可信：事实上，确实在很多情况下，单词具有"或多或少"的很强的相似性，而并非严格意义上的同义词。深度学习方法归纳了这一思想，使得单词以及更高级的语言单位（如短语、语句或简单的词组）可以在连续空间中进行比较，这使得该方法具有高度灵活性，且能够有效识别，如可实现意译。

最后，值得注意的是，语句中紧密关联的单词也可在分析过程中逐渐被识别和归类。这就是深度学习为何称为分层结构的原因，因为该方法能够基于在训练期间系统中成千上万个示例中观察到的规律来发现语句内部的结构（单词或词组之间的关系）：尽管深度学习系统并不直接对句法进行编码，但认为能够自动识别相关的句法关系。

简言之，机器翻译的深度学习方法并不是同时考虑问题的各个部分，而是直接考虑不必分解为较小片段的整个语句，同时还考虑了上下文中的各种关系。这些关系可以是垂直的（一组可填入到语句中某一位置的相似单词）或水平的（语句中句法相关的词组），这使得该方法具有高度灵活性及有效认知，但同时计算难度也较大。

事实上，现已有几代的人工神经网络（该方法只是近年来被称为"深度学习"）。神经网络在20世纪50年代提出并在80年代重新盛行，但当时计算机的计算能力不能有效处理所涉及的复杂表示（Goodfellow等人，2016，p13-28）。即使是如今，这种系统的训练阶段也可能会持续数天，需要采用专门的处理器和编程技术（GPU加速编程）来加快处理过程。在实际应用中，该方法要比刚才介绍的更加复杂和抽象。例如，上下文是通过数字向量来编码的，每个数字表示一个特征（由神经网络从语料库的规律中自动发现的抽象属性），其中向量长度对应于某一预定值。最近的改进包括动态调节该值，使之可根据任务复杂性来编码所有信息。

另外，还应注意的是，该方法仍是一种经验法，尤其是当需要定义所使用的神经网络架构（例如，神经网络中的层数，以及所用的向量长度）以及其他参数（例如，处理未知单词的方式）时。这时供选择的理论依据很少，主要是根据系统性能和效率。为此，这些系统有时也因缺乏理论基础而受到质疑。

然而，深度学习取得了真正的进步，并在图像识别、语音处理以及最近的自然语言处理领域都实现了重大改进。当前，一些研究人员正在尝试挑战诸如语法等传统问题，因为通过深度学习，有可能从数据推断相应结构。也就是说，最好是让系统决定对于一个给定语句的最佳表示⊖！但有必要考虑下列观点：可能由于语句变化较大，系统经常无法识别整个语句的结构，从而可能导致产生严重的翻译错误。不过，毕竟深度学习为解决这些问题提供了一种可行的解决方案，因此对于从事该领域的研究人员来说，这一技术取得了巨大成功。

▶ 深度学习机器翻译当前所面临的挑战

直到最近，基于深度学习的机器翻译系统仍只是在简单语句

⊖ 这终究是实践中所发生的。实际上，问题是由计算机推断的结构是否比人类提供的句法结构更有意义。

上性能良好，但对于更复杂的语句则不如传统的统计翻译系统。正如 Google 公司团队针对该问题的解释，这有着各种不同的原因：首先，由于问题复杂性，尤其是需要自动调节的参数个数，训练针对该任务的神经网络仍很困难，从而导致出现了各种效率问题。其次，对于未知词（即训练数据中未包含的单词），该方法通常不能准确处理（或仅仅是被忽略）。最后，词组有时未被翻译，导致产生奇怪和不准确的翻译。一段时间以来，这阻碍了纯神经网络方法在商业化系统中的有效应用。然而，这不再是问题，因为正在不断涌现出有效的解决方案。

优化技术已用于减少编码器和解码器中的学习复杂性。所谓的"注意力"机制也在神经网络结构中起着越来越重要的作用，尤其是对于机器翻译问题。"注意力模块"有助于在编码器和解码器之间建立连接，这有点类似于在基于规则的机器翻译系统中转换规则必须将源语言中的语言结构形式化为目标语言中能表现的形式。然而，不能再进行这种类比了：在此，再一次强调，该过程要比传统转换规则抽象得多。

直观地说，这种方法是基于在涉及翻译目标语言中某一特定词时，源语句中的某些单词格外重要（或换句话说，在翻译过程中，并非源语句中的所有单词在任何时候都是同样重要的）这样一个情况。在将法语翻译成英语时，两种语言都有相对类似的结构，因此翻译过程可以相对序列化进行，尤其是在处理短语句（不多于 10 个单词）时：已知源语句中 n 个之前的单词通常就足以产生目标语言中的下一个单词。较长的语句具有更多可变的词序，然后，利用注意力机制来帮助系统随时动态关注待翻译语句的最相关部分。例如，记住动词与其主语之间存在连接关系（尤其是当两者之间插入一长串单词时）是非常有用的：例如，当系统在目标语言中生成动词时，这种连接关系可起到控制符合这种规则的重要作用。研究表明，重点关注源语句单词的注意力机制能够显著提高整体的翻译质量。注意力机制对于处理较长语句尤为有用，同时也认为在处理类型多样的语言时甚至具有更强大的作用，例如对于英语 - 日语的翻译，因为日语中的动词是位于语句的结尾处。

对于深度学习方法，未知单词问题的确是一个真正的难题，因为只有训练数据中包含的单词才是模型的一部分，并由此才能进行翻译。当统计系统模块化时，很容易集成一个处理未知词的模块。但在提供了一个全局方法的深度学习模型中，这非常困难。

然而，最近提出了一些"补丁"。由于未知单词实际上通常是专有名词或数字，所以一些系统只是将未知单词从源语言"复制"到目标语言。在书写不同时（例如，从阿拉伯语或汉语翻译成英语时），音译效果很好，因此它可以是一个非常有价值的解决方案。但不幸的是，也经常发现未知单词既不是专有名词也不是数字。这时，一个有效的解决方案是试图将未知单词分解成较小单元，以便找到相关线索来有助于翻译过程，但这种方法并不令人满意；未知单词仍是深度学习方法中的一个开放问题。

最后，还需要验证系统是否翻译了整个语句，且没有忽略源语句中的一些词序。对于如此复杂的机器翻译系统，这似乎比较令人惊讶，但事实是由于是对语句进行全局分析，而不是像之前的统计方法那样分解为片段，因此，系统可能会由于与语句核心部分关联松散或其他原因而无法翻译某些单词或短语。为解决这一问题，Google公司团队提出了一种长度惩罚机制来使得系统支持较长语句的翻译，从而减少针对初始语句中未翻译部分，候选翻译的权重。这种技巧简单有效，但这个问题也表明很难理解和分析神经网络的工作方式，因为数据的内部表示是纯数值的、庞大且复杂的，更重要的是，不能由人工直接读取。然而，一个非常有前途的研究方向就是试图获得由神经网络计算的内部模型的有意义表示，从而更好地理解整个方法的工作原理。

现已证明深度学习机器翻译方法（或神经网络机器翻译方法）是非常有效的，首先是对于在紧密相关语言的短语句中，以及最近实现的较长语句和不同语言。由于进展非常迅速，深度学习方法可被认为是机器翻译领域的一场革命，就像20世纪90年代初的统计方法一样。

值得注意的是，深度学习方法发展很快。机器翻译领域的所有主要参与方（Google、Bing、Facebook、Systran等公司）都在积极研究深度学习，且在2016年上线了首个基于该方法的在线翻译系统。这与统计方法的出现形成鲜明对比，统计方法是花了几年时间才逐渐占领市场并取代基于规则的系统。深度学习解决方案的部署速度非常快，这也意味着该方法现已足够强大和成熟，并全面超越了统计方法。

然而，深度学习方法仍处于初级阶段，在不久的将来可期望得到快速发展。那时将会提出更有效的解决方案来解决上述问题，如未知词的处理。另外，还应注意，该领域的一些研究人员仍倾向于更模块化的解决方案，以便能够更精确地解决特定问题（例如，只是将神经网络局部引入一个传统统计机器翻译系统的某些模块）。在某种程度上，这可能违背了神经网络方法的原理，因为在语句层面上进行数据处理是本章所介绍的主要改进来源。未来将会揭示哪种方法是最好的。

作为本章的结论，应该记住，国际象棋世界冠军是在1997年被计算机击败的，世界围棋冠军在2016年被计算机击败，但至今还没有一台计算机能够准确地在两种语言之间进行翻译！这也表明了自然语言的复杂性。

# 第十三章
机器翻译系统的评价

正如人们所知,自从20世纪90年代第九章所介绍的IBM公司实验对该领域产生了翻天覆地的变化以来,翻译系统一直是研究的热点问题。网络的快速发展推动着主要互联网公司不断深入地研究该问题,同时也重新激活了该问题的研究。那么接下来的问题是如何评测这些翻译系统的性能。如何比较两个系统?随着时间的推移,如何评测单个系统的发展并跟踪其改进情况?

另外,在第二章中分析了定义什么是好翻译的困难性。显然,评价翻译质量是很困难的,因为任何一种评价都存在一定程度上的主观性,且很大程度上取决于用户的需求和看法。IBM公司团队在1988年发表的科技论文中(见第九章)提到了由于文学翻译所引起的问题。Proust在《寻找失落的时间》(In Search of Lost

Time）中的最后一个词和第一卷中的第一个词相同（小说实际是以"longtemps"开头，以"temps"结尾）。文学译者必须重点关注这类细节，因为这是解释文学作品的基础，但IBM公司通过明确声明机器翻译与文学翻译无关而排除了这类问题。因此，IBM公司团队并没有解决这类细节问题，因为这超出了当时研究的范畴。

显然，评价翻译质量是很困难的，因为任何一种评价都存在一定程度上的主观性，且很大程度上取决于用户的需求和看法。

尽管已知评价的困难性，但似乎仍有必要设计一些可靠、快速、可重用且如果可能，成本较低的评价方法。为此，建立了具体的评价数据集，并组织了评价活动。

▶ 第一次评价活动

自从开始机器翻译以来，就一直认为评价是十分必要的，这比自然语言处理的其他领域更重要，或许是因为机器翻译从一开始就认为是一个应用领域，且期望得到非常具体的结果。对于这方面，已知在 ALPAC 报告中给出了极其负面的评价，并对这种系统所希望的翻译质量持怀疑态度（见第六章）。

在 20 世纪 90 年代初，随着对最初由 IBM 公司提出的统计方法的研究不断深入，对机器翻译系统的测评需求再次应运而生。正如在自然语言处理领域中经常发生的那样，最初是由一个美国基金资助机构——高级研究计划署（ARPA，后来称为 DARPA⊖）发起这方面的研究。一篇发表于 1994 年的文章（White 等人，

⊖ 高级研究计划署（ARPA）是一个成立于 1958 年的美国机构，负责美国新兴技术的发展研究。该机构的名称多次更换，目前，该机构更知名的名称是缩写 DARPA（其中，D 表示国防），这是 1972 年重新命名的（1993—1996 年间又改回 ARPA）。

1994）回顾了自开始机器翻译研究以来的首次评价。文章特别介绍了各种可能策略及其局限性，具体如下所述。

▶ 综合评价

为了评价理解力，首先由专业译者将英文报刊上的文章翻译成不同语言。然后，由机器翻译系统将文本再翻译成英语，人工分析人员回答"关于文章内容的多项选择问题"来对自动翻译进行评价，正如 White 及其同事所解释的。译文读者能够正确回答的问题个数决定了翻译系统的质量。因为最初的评价活动主要集中于能从不同语言翻译成英语的数量有限的系统，所以这种方法非常适用于这项任务：待翻译的文本以各种语言提供，然后对翻译成英语的文本进行比较。由于认为是对不同源语言的各种系统直接进行比较，因此这种测试最初命名为"直接比较"。

White 等人认为这种评价是相当复杂的。虽然是对同一文本的翻译，但实际上由人工译者提供的翻译也是不尽相同的，可能会对机器翻译系统产生某些特殊问题。因此，很难判断理解错误究竟是归因于原始文本的措辞方式还是翻译系统本身（更不用说负责评价的读者对文本解释相关的潜在问题）。最终放弃这种方法作为一种综合评价的方法，但是，仍用于评价相对于原始文本的文本"信息性"。

▸ 评价小组

评价翻译质量的最明显方式是根据人的判断，尽管人的判断具有极大的主观性。DARPA早在20世纪90年代初就采用了这一方法：必须考虑译文的词汇、语法、语义和文体等各方面来评价翻译质量。正如White及其同事指出的，这种方法很有吸引力，因为这也是用于评价人工翻译质量的方法。

然而，这种评价方法存在两大主要困难。首先，从实用的角度来看，在评价活动的整个过程中要将专家组成员召集在一起是非常困难且成本高昂的。更重要的是，自动生成的文本中会有各种各样类型的错误，以至于专家很难对翻译文本进行整体打分（在实际中，根据各个专家对错误类型的重视程度不同，专家打分也会差别很大）。尽管尝试各种均衡化的标记策略，但专家打分之间仍存在着很大差异。因此，这种评价方法不能完全令人满意，而只能放弃这种质量评价方法。

▸ 充分性和流畅性

在尝试过人工专家介入之后，DARPA 采用了两种评价指标：充分性和流畅性。正如 White 及其同事对这种机器翻译（MT）评价方法的描述："在充分性评价中，通过只熟悉英语的人员来判断专业翻译中的信息在同一文本的机器翻译（或控制）结果中找到的程度"。这些信息通常是"包含足够信息以允许在机器翻译结果中定位相同信息"的片段。流畅性评价主要是用于检验正确的语句结构，任务是"确定每个语句是否都是格式良好且上下文通顺的"。现已证明这些标准比之前所述的方法更易使用，并已成为 DARPA 机器翻译评价的标准方法集。然而，这些测评仍具有主观性，并已表明，专家的打分仍存在显著差异。

▸ 人工辅助翻译

最后一种评价策略是以不存在能够产生完美翻译的自动翻译系统为出发点的。因此，这种评价是与机器翻译能在多大程度上帮助人工译者获得良好翻译相关的。在 20 世纪 90 年代初进行的一个实验就涉及了利用初学的人工译者，认为他比有经验的翻译人员更能从不完美的翻译中收获更多（假设他能够在没有自动翻译的帮助下更了解如何"正确"地翻译语句）。评价的重点是将自动处理的结果与翻译人员改进后的翻译结果进行比较。

White 等人（1994）指出，这种评价可能会给出更好的结果。然而，由于一些因素导致其很难在实际中应用。首先，很难控制人工翻译人员的"初学"状态。个体之间的差别很大，这就导致任何比较都是存在主观性的。其次，难以评价自动翻译系统中各个组件的附加值（尤其是管理与翻译人员交互的组件，这不直接属于机器翻译系统）。最后，大多数经过评价的自动翻译系统都包括与用户进行需求沟通的模块，这使得难以有效隔离纯自动翻译系统的结果㊀。

在 20 世纪 90 年代中期，用于评价的方法主要有三种指标：生成译文的可理解性、充分性和流畅性。这些指标都很关键，但很大程度上都依赖于人类的判断，显然这样成本较高且存在部分不一致。因此，在 90 年代末该领域的专家试图在没有人为干预的情况下找到完全自动的评测方法。

㊀ 这似乎有些自相矛盾：如果该方法设计为从一开始就需要交互，那么就不一定与完全自动评估所产生的翻译相关。实际上提供所评估的相关翻译元素是系统的一种能力。

▶▶ 寻求自动评测

自动评测的目的是回应一个简单问题：给定一个（或多个）参考翻译，如何能够评测自动翻译的质量？在当时也提出了类似的问题，例如，在 20 世纪 90 年代末和 21 世纪初直到现在所研究的关于自动归纳的问题。尽管该问题看似简单，但要回答显然要复杂得多。为此，定义了一些评测指标；接下来，仅进行简要介绍，而不涉及具体的数学细节。

▶▶BLEU

在双语评价研究（BLEU）的基本原则中，分数（Papineni 等人，2002）相对简单。基本思想是比较参考翻译 T_{Ref} 和自动生成的翻译 T_{Auto}。BLEU 得分是通过将 T_{Ref} 和 T_{Auto} 截断为长度为 1~n 的片段（称为 n-grams，通常认为在 n=4 时可以获得最可靠的结果），并比较 T_{Ref} 和 T_{Auto} 之间共同的片段个数来计算而得的。BLEU 公式还包括一个在自动生成翻译中考虑语句长度的参数，从而不适用于生成太短语句的系统。

如果两个文本 T_{Ref} 和 T_{Auto} 相同，那么 BLEU 的得分就为 1

（T_{Auto}的所有片段也是T_{Ref}中的部分）。如果没有相同的片段，则得分为0。也就是说，T_{Auto}越接近参考翻译，共同片段的个数就越多，BLEU的得分就越接近于1。为提高翻译结果的健壮性，在总体思路不变的情况下，可将T_{Auto}与多个参考翻译（T_{Ref}）进行比较。

▶NIST

美国国家标准与技术研究所（NIST）是一个在各个领域组织评价活动的组织，它与BLEU评分同期开发了NIST评分（Doddington，2002）。也是基于同样的原则：T_{Ref}和T_{Auto}两种文本被截断成片段（n-grams）后进行比较，并根据T_{Auto}中多少个片段在T_{Ref}中来进行评测。

主要区别在于其中包含了一个信息性因素：某个片段越少，则其权重越高。NIST得分通常与BLEU得分相关，由于均具有广泛的相似性而且都是逻辑性的。NIST得分是为了更好地考虑翻译文本中的信息多样性。

►METEOR

METEOR（"基于显式排序的翻译评价测度"；Banerjee 和 Lavie，2005）评分是近期开发的一种旨在更好地考虑语义的评价方法。METEOR 基于对待评价文本和参考文本之间的语义"完整"单词（主要是名词、动词和形容词）的判别。然后，对两种文本间具有共同完整单词周围的较长文本序列进行判别。与其他测评方法一样，具有的共同片段数越多，且这些片段越长，则 METEOR 得分越接近于 1。

搜索相似片段并不总是基于表层词形。如果使用了语义资源（如 Wordnet），那么可用词干或基本含义（"running"改为"run"）或甚至同义词来替换。这使得该方法更可靠和更健壮，但需要足够的语义资源，而这并非对所有语言都是容易获得的。这也正是为何应用该测度的评测包都通常提供可"支持"语言列表（具有相应语义资源的语言）的原因。

METEOR 的作者指出，相比于 BLEU 或 NIST 评分，该结果与人工评价更接近。然而，METEOR 也比其他评分更难操作，且随着时间推移，不同的选项（例如，在评价过程中是否使用了给定的语言资源）也会使得结果更难以解释和比较。因此，相比于其他评测，METEOR 较少使用，尤其是 BLEU，尽管有局限性，但仍然是目前应用最广泛的评测测度。

▶ 自动评价方法评述

在此介绍的所有评测方法都是依赖于参考文本和自动生成的翻译文本之间单词序列（n-grams，通常 n 为 1~4）的对比。已知一些测度试图考虑更丰富的信息（lemma，同义词），但大多数情况下都只是基于表层词形（即文本中出现的单词）。读者可能会好奇为何会缺少用于评价的信息，即能够完全消除诸如风格、流畅性甚至语句语法等概念的信息。因为评价只考虑短序列的单词，显然，随机语句和无意义的语句所组成完全难以辨认的文本可以获得相当高的得分，只要语句是由与参考文本中相同的四个单词组成的序列即可。

上述情况是众所周知的，但乍看起来并没有太大问题。既然目标是开发一个操作系统，那么就不必苛求该系统只能获得好的结果而不用考虑所生成文本的质量。在评价活动中，系统输出是公开的，所以靠语义荒谬的文本获得好的结果的团队不会得到任何好处。

更根本的是，翻译任务的复杂性和自动化评价方法的相对简单性之间的差距表明良好的评价确实是一个问题。由于不知道该如何定义，因此很难将"好的翻译"之类的概念形式化，更不用说连贯性或风格等概念了。用于评价的方法相当差，但还是在一定程度上与人类专家所进行的评价结果一致，这被认为是评价任务的关键因素。

评价活动的扩大

早在20世纪80年代机器翻译就已是当时一个热门的研究领域，在90年代IBM公司推出其研究成果之后，该领域所产生的革命性变化又促进了相关的大量评价活动的开展。自21世纪初以来，每年在世界各地都会组织多次评价活动。

自2001年以来，DARPA组织了从中文和阿拉伯文到英文的翻译评价活动。用于评价的文本是来自新闻机构的各类新闻。自2005年，机器翻译大赛（WMT）每年还组织一次关于某些欧洲语言的翻译评价活动。例如，在2013年，评价重点是下列语言对：法语-英语、西班牙语-英语、德语-英语、捷克语-英语和俄语-英语。针对每对语言，都是从两个方向上进行翻译评价（例如，法语到英语和英语到法语）。组织者向所有参与方提供了用于开发的初始文本集（通常是参与方可用来调整其系统以适应任务的对齐语句集），另外，参与方也可以使用自己的数据（其他语料库、双语词典或单语词典等）。在提交结果时，参与方必须澄清是否仅使用了所提供的用于评价的数据，或是否还使用了其他资源。

欧盟委员会从一开始就大力支持 WMT 的翻译评价活动。WMT 主要基于欧洲议会语料库，其中包含了欧洲议会辩论的录音资料。该语料库包括 21 种语言，可专门用于机器翻译：文本均以高精度半自动对齐。这是用于开发自动翻译系统的无可比拟的学习语料库（见第七章）。

值得注意的是，WMT 评价活动不仅仅是关注翻译系统的评价。还有一个任务是专门针对评价测度，一个研究领域是寻求与人工评价更紧密相关的自动测评技术。最近，对于自动生成的翻译文本质量的评价也成为一个研究热点，因为传统的评价方法都只是基于文本的小片段（"*n*-grams"），而完全没有考虑所生成文本的质量问题及其可读性。

▶▶ 自动评价的经验教训

自动评价对于评测系统性能以及系统随时间的改进非常重要。即使自动评测结果不完全令人满意，但仍能够评测通常与人类对系统整体性能的感知相关的改变。也就是说，现已表明，按照人类专家的说法，一个得分随时间推移而不断提高的系统会产生确实有所改进的翻译。此外，还需注意不同语言对之间在翻译结果上有着很大的差异。一些特性可能会影响系统性能：例如，训练数据有限、较难自动处理的形态学丰富的语言或语系相差甚远语言之间的翻译。

▶▶ 根据语言对的任务难度评测

图 19（Koehn 等人，2009）给出了应用同一级别翻译系统（Moses）对 22 种欧洲语言进行翻译的实验结果，以及用于每个语言对的训练数据对比。训练数据来自 JRC-Acquis 语料库，其中包括 22 种欧洲语言间的翻译和对齐文本。因此，在该实验中，每种语言的文本类型和数量都是相同的。图 19 中显示的分数是 BLEU 得分。

这些分数本身并不重要，只是相互对比特别有启发性，因为这揭示了翻译任务的难度取决于所考虑的语言。尽管如果考虑语言的特殊性，一些语言对无疑会获得更好的结果，但实验的目的是通过采用标准的翻译算法（例如，没有进行语言相关优化的传统IBM公司模型）来强调不同语言翻译时的差异（通过评价得分来体现）。

实验结果很有意义。例如，表明了处理与英语相距甚远语言的难度（例如，与马耳他语一样，芬兰语、匈牙利语和爱沙尼亚语的得分都很低）。经过对实验结果更全面的观察后，表明词法形态学丰富的语言更难翻译，因为这些语言可在词形末尾添加或"附加"几个词素，例如表示语句中单词功能的格标记（与表示占有、决心等词素共同使用）。一些印欧语系，如斯拉夫语，甚至德语，虽然认为没有附着词，但形态学词法很丰富，同样得分不高。具有可分离前缀和复合词的动词也很难处理，这也解释了为何德语翻译效果较差的原因。

	en	bg	cs	da	de	el	es	et	fi	fr	hu	it	lt	lv	mt	nl	pl	pt	ro	sk	sl	sv
en	–	40.5	38.7	50.0	46.8	41.0	55.2	34.8	38.6	50.1	37.2	50.4	39.6	43.4	39.8	52.3	49.2	55.0	49.0	44.7	50.7	52.0
bg	61.3	–	26.3	32.0	–	32.8	46.9	25.5	26.7	42.4	22.0	43.5	29.3	29.1	25.9	44.9	35.1	45.9	36.8	34.1	34.1	39.9
de	53.6	26.3	–	35.4	–	32.8	47.1	26.7	29.5	39.4	27.6	42.7	29.3	30.3	19.8	46.9	39.2	44.1	30.7	34.1	31.4	41.2
cs	58.4	32.0	–	35.7	42.6	34.6	48.9	30.7	30.5	41.6	27.4	44.3	34.5	35.8	26.3	46.5	39.2	45.7	36.5	43.6	41.3	42.9
da	57.6	28.7	35.4	–	43.6	34.3	47.5	30.7	31.6	41.3	27.4	43.8	30.3	35.8	26.3	48.5	34.3	45.4	36.5	33.0	36.2	47.2
el	59.5	32.4	35.7	43.6	43.1	–	54.0	26.5	29.0	49.6	23.7	51.7	32.6	32.9	23.8	48.9	34.3	52.5	37.2	33.1	33.9	43.3
es	60.0	31.1	37.7	44.5	42.7	39.4	–	25.4	28.5	51.3	24.0	51.7	26.8	30.5	24.6	48.8	33.9	57.3	38.1	31.7	33.3	43.7
et	52.0	24.6	37.5	37.8	36.0	28.2	40.4	–	37.7	33.4	30.9	36.6	35.0	36.9	24.6	41.3	32.0	37.8	28.0	30.6	32.9	37.3
fi	49.3	23.2	32.0	37.9	37.3	28.2	39.7	37.7	–	29.5	27.2	36.6	32.5	32.5	19.4	40.6	28.8	37.5	26.5	27.3	28.2	37.6
fr	64.0	34.5	39.5	47.4	45.1	42.8	60.9	26.7	30.0	–	25.5	56.1	28.3	31.9	25.3	51.6	35.7	61.0	43.8	33.1	35.6	45.8
hu	48.0	24.7	34.3	33.0	33.3	25.5	34.1	29.4	29.4	30.7	–	33.5	29.6	31.9	18.1	36.7	29.8	34.2	25.7	25.6	28.2	30.5
it	61.0	32.1	38.9	45.8	44.3	40.6	57.2	25.0	29.7	52.7	24.2	–	29.4	32.6	24.6	50.5	35.2	56.5	39.3	29.3	35.3	44.3
lt	51.8	29.1	35.0	36.8	33.9	26.5	41.0	34.2	32.0	34.4	28.5	36.8	–	40.1	–	38.1	31.6	39.6	29.3	31.8	35.3	35.3
lv	54.0	29.7	37.0	38.5	37.2	29.7	42.7	32.4	32.4	35.6	24.3	37.8	38.4	–	22.2	41.5	31.6	42.7	29.3	33.3	35.3	38.0
mt	72.1	32.2	37.9	38.9	36.5	33.7	48.7	26.9	25.8	42.4	22.4	43.7	30.2	33.2	–	44.0	34.4	45.9	38.9	35.8	37.1	41.6
nl	56.9	29.3	37.0	45.4	46.9	35.3	49.7	27.5	29.0	42.4	25.3	44.5	28.6	31.7	22.0	–	32.0	45.9	33.0	30.1	34.6	43.6
pl	60.8	31.5	39.8	42.1	42.9	35.2	49.7	26.9	29.0	42.4	24.5	43.2	33.2	36.7	27.9	44.8	–	46.2	32.0	35.8	39.8	42.1
pt	60.7	31.4	38.4	42.8	42.9	40.2	60.7	26.4	29.2	53.2	23.8	52.8	28.6	31.5	24.8	44.8	34.5	–	39.4	32.1	34.4	42.1
ro	60.8	33.1	37.8	40.3	38.5	35.6	50.4	24.6	26.2	46.5	25.0	44.8	28.4	28.4	28.7	43.0	35.8	48.5	–	31.5	34.6	40.4
sk	60.8	40.2	48.1	39.4	38.5	34.0	47.0	28.4	28.4	39.4	27.4	41.8	28.6	36.7	28.5	43.3	39.0	43.3	39.4	–	42.6	43.9
sl	61.0	33.1	43.5	42.6	37.9	34.0	46.0	31.1	25.7	38.2	25.7	42.3	34.6	37.3	30.0	45.9	35.8	44.1	35.8	38.9	–	42.7
sv	58.5	26.9	35.6	46.6	41.0	33.3	46.6	27.4	30.9	38.2	22.7	42.0	28.2	32.1	23.7	45.6	32.2	44.2	32.7	31.3	33.5	–

图 19 同一标准统计翻译系统在 22 种不同欧洲语言上的性能。该翻译系统是基于标准的 Moses 工具箱，所用的语料库是 JRC-Acquis 语料库（见第 7 章），且所用的测度标准是 BLEU 分数。其中，深灰色单元格对应于 BLEU 性能分值大于 0.5，而浅灰色单元格对应于 BLEU 性能分值低于 0.4（白色单元格：0.4～0.49）。语言缩写：bg：保加利亚语；cs：捷克语；da：丹麦语；de：德语；el：希腊语；en：英语；es：西班牙语；et：爱沙尼亚语；fi：芬兰语；fr：法语；hu：匈牙利语；it：意大利语；lt：立陶宛语；lv：拉脱维亚语；mt：马耳他语；nl：荷兰语；pl：波兰语；pt：葡萄牙语；ro：罗马尼亚语；sk：斯洛伐克语；sl：斯洛文尼亚语；sv：瑞典语（注，et、fi 和 hu 是芬兰—乌格尔语系，mt 是闪米特语系，其他所有语言都是印欧语系）。本图取自 Koehn 等人（2009）的论文，经作者授权转载

对于形态学词法丰富的语言来说，能够提供准确翻译需要进行正确的句法分析。例如，为了确定翻译时应选择主格还是宾格形式，那么必须知道该名词是主语还是宾语。图20还给出了芬兰语中的一些简单示例，芬兰语是一种可以从简单单词生成几乎无限种单词形式的语言，因为其可将各种语素添加到基本单词形式中。

I bought the book.
Minä ostin kirjan.

I did not buy the book.
Minä en osta nut kirjaa.

The book is on the table.
Kirja on pöydällä.

My book is on the table.
Kirjani on pöydällä.

图20 芬兰语中"书"一词的变形（取决于其具体的语法功能）

统计方法可以甚至在无需深入句法分析的情况下给出正确翻译，尤其是"基于片段的方法"。一个片段就是一个单词序列，该方法可直接利用上下文（上下文只不过是给定单词周围的单词序列），并避免产生纯粹逐字翻译方法的问题。尽管如此，对于一个形态学词法丰富的语言来说，找到一个正确翻译的概率也必然会低于单词含义随上下文变化很小的语言，这主要是因为使用了大量的介词和限定词。像英语或法语等语言被称为"分析性"或"孤立"

语言，因为这些语言在形态和复杂介词系统方面几乎没有变化。汉语也是一种分析性语言，但正如刚才所述，芬兰语明显不是。

同理，显然在评价过程中还存在一个主要的主观偏见：评价基于一个自动翻译与一个或多个参考翻译之间所共同具有的单词序列的个数。因此，附着型语言明显不利，因为对于这类语言，语素与基本词形关联（即"黏连"或"附着"）。结果就是，对于这类语言，一个较长的单词可能包括与许多不同类型的语言信息相对应的多个语素，而法语或英语仅通过几个几乎不变的短单词序列就可以表达相同的信息。显然，法语或英语中的这种序列是评价时许多相关片段（"n-grams"）的来源。那么，对于形态学词法丰富的语言来说，其缺点就有两重含义：分析性语言呈现出较长的单词序列，这些序列可能会导致较高的评价得分（例如，频繁出现的介词短语），而附着型语言呈现出复杂的语言形式，这是难以进行精确分析的。

接下来分析一下英语的情况。毫无疑问，英语的词形相对较差（尤其是与其他语言相比），这有助于获得较高的分数。大多数情况下，自动翻译系统无需在英语背景下计算正确的单词形式，这是因为英语单词的变化不大。当然，可用的海量数据也是一个相当大的优势（切记 Mercer 的名言"最好的数据就是更多的数据"，见第 7 章），但除此之外，英语的特殊性，尤其是其糟糕的词形，也表明了为何该语言可以获得良好的效果。接下来，自然就会分析翻译系统所产生的各种错误了。

▶ 翻译错误类型

目前，很少有研究提出机器翻译系统的错误类型。这一任务在任何情况下都是非常困难且具有主观性的：一方面是因为需取决于所考虑的语言和翻译系统；另一方面是因为很难对错误进行分类，且产生的错误是经常变化的。

Vilar 等人（2006）尝试提出一种错误类型学。其中主要包括下列类别：未知单词（源语言中的单词在翻译系统中未知）、翻译较差的单词（错误含义、错误单词形式、翻译糟糕的习语表达等）、单词顺序问题（与目标语言中词序相关的问题）以及在目标语言中缺少相应单词的问题。研究表明，这种分析在特定情况（尤其是当语言对是相互紧密相关的两种语言时）下是可能的，并可有助于判别系统中的某些缺陷，以便随后解决这些问题（系统性词义错误等）。这类分析在人工开发的基于规则的翻译系统中尤其有用，因为可允许系统开发人员在遇到观察到的主要缺陷时及时修正某些规则或重新制订新的规则。

对于统计翻译系统而言，错误来源更加广泛，且更难以纠正，因为系统不允许手动修改。在实际应用中，系统必须利用新数据"重新训练"，才可能有希望修正所识别到的错误，但是过程非常繁琐。此外，由于是在海量数据上进行训练，因此，不能逐个修正错误，且由于整个训练过程是根据定义全局自动进行的，因此不能完全控制学习过程。由此，在统计机器翻译情况下，很难纠正一个特定错误。正如人们所知，混合翻译系统是试图在两者之间达到最佳，从大量数据中进行归纳总结，同时尽可能保持准确的局部校正能力。

最后，还需注意，语言对其实是一个关键因素：错误类型首先取决于所考虑的每种语言的特性，原因已在上节中进行了概述（训练数据量是较多还是较少、形态学词法是丰富还是简单等）。

机器翻译有时会因为一些非常基本的问题而受到质疑：该领域所使用的技术在很大程度上仍与文本非常接近，这意味着结果也应与逐字翻译（或逐个短语翻译）非常接近。然而，已知在一些情况下，一个恰当的翻译需要对整个语句进行分析，而不能仅仅是基于单词或短语之间的局部等效；例如，参见第十章中的示例，其中"the poor don't have any money"翻译为"les pauvres sont démunis"。Kay（2013）引用了更复杂的示例，"please take all your belongings with you when you leave the train"对应于法语中的"veuillez vous assurer que vous n'avez rien oublié dans le train"。这两个语句在语义上非常相似，且经常在火车即将到达目的地时听到。但两者采用了不同的逻辑，英语强调的是记得拿好行李，而法语是强调别落下任何东西。Kay认为这种翻译是非常频繁的且超出自动翻译系统的能力。尽管可能会同意Kay观念的最后一点，但可能并没有所声称的那么重要。在法语中可以找到更接近英语原文的正确翻译，例如，"veuillez vous assurer que vous prenez tous vos effets avec vous au moment de quitter le train"。这是自动翻译系统要求达到的翻译类型。更地道的翻译（甚至是文学翻译）是人工翻译的标志，但并不一定是机器翻译系统的目标。

第十四章
机器翻译产业：专业与大众市场间的应用

机器翻译因其能满足一个简单、直接的需求而成为一个应用广泛的程序。每个人都清楚一个能够自动将文本从源语言翻译成目标语言的系统的重要性。如今，在不必掌握外语的情况下就可以阅读外文报纸，甚至可以突破语言障碍在社交网络上交换信息。所有这些都意味着现在重要的是相应的经济问题。

▶ 主要市场，难以评价

翻译（通过人工或机器）相关的需求和预算是未知的，且几乎不可能预先估计。公司和公共行政部分很少提供有关翻译预算的信息。此外，由于翻译人员常常是自由职业者，市场极其分散。尽管各地提到的估价在数十亿美元（140亿~1000亿美元），但这是相当不可靠的。同时，这也反映出出版物数量的巨大变化。

▶ 市场概览

欧盟委员会常常因翻译预算而被听证。不过该预算确实庞大，因为有些文件必须提供20多种语言的版本。根据翻译总署[⊖]的数据，欧盟委员会2013年的内部翻译预算约为3.3亿欧元。每年的翻译页数已增加到200多万页，其中超过93%的翻译都是完全由人工完成的。实际上，根据同一数据来源，只有不到5%的翻译是得益于自动辅助翻译工具（通过网络或内部工具）[⊖]。为欧盟委员会翻译的所有文本都具有技术特性，但涉及的各种题材和主题非常广泛，即使立法文本占主导地位。翻译文档包括关于各种主题的技术报告（"白皮书"）、成员国之间的通信信函和网站内容。在欧盟委员会这种应用背景下，很容易想象出机器翻译是可以提供有价值服务的。当需要翻译一些专门且重复性的文档时，就正是这种情况，机器翻译可以利用当前最先进的技术给出合理结果。正如人们所知（参见本章后面有关商业化翻译系统以及Systran发展

⊖ 可在线获得的数据（于2016年5月20日访问）；见http://ec.europa.eu/dgs/translation/faq/index_en.htm#faq_4/。

⊖ 相对于后期编辑、翻译总结等，其余工作都是微不足道的。

第十四章 机器翻译产业：专业与大众市场间的应用

历史的详细介绍），欧盟委员会是机器翻译领域的长期投资者，尤其是对 Systran 系统。最近，欧盟委员会资助了免费软件和资源的开发，这将促使在该领域取得重大进展。值得一提的是平行语料库 Europarl 和 JRC-Acquis（见第七章），以及由多个欧洲基金项目资助所开发的软件平台 Moses⊖。

除了欧盟委员会的需求，还有许多行业需要定期翻译和更新技术文档。加拿大环境部的天气预报就是一个很好的例子，因为每天必须用法语和英语制作多个版本的天气预报。这些双语天气预报自 20 世纪 70 年代以来就实现了自动生成，并取得了一定意义上的成功应用（见第六章）。有点令人惊讶的是，该应用长期以来一直是机器翻译领域的标志性成果，而在其他应用领域却没有出现任何代表性系统。

多语传单和手册的生成，以及本土化实现（即一款软件适用于各个国家的使用）是机器翻译的重要市场。相信每个人都经历过试图理解一个以难以理解的方式书写的传单，毫无疑问，这一定是自动翻译的结果。制作多种语言版本的产品文档（传单、手

⊖ Moses 是一个用于机器翻译的开放系统，实现了统计机器翻译的一些主要算法。Moses 与实现各种 IBM 模型的另一个工具 Giza++ 相配合使用，此后在这个免费在线平台上还包括了许多其他算法（http://www.statmt.org/moses）。

册等）并保持不断更新的成本很高，尤其是对于生产销售廉价产品且没有太多的翻译预算的制造商而言。在此情况下，机器翻译就是一种非常有用的技术，可以生成供翻译人员查看的文本。当然，若整个过程都是全自动而无人检查结果时，翻译质量往往都是很差的。

　　机器翻译的另一个重要市场是申请国际专利，这需要特定的资源。专利可以用各种各样的语言来撰写。制造商在市场上推出新产品时必须确保其不得侵犯相关国家的知识产权。因此，这特别需要打破语言障碍，因为使用某一特定语言的专利可能是产生与经济相关问题的主要根源。另一个相关的问题是专利必须是用一种非常特定的行业术语来撰写。因此，必须对翻译系统进行调整，以能够有效处理相应领域的特定术语和短语。在多语言系统的上下文中处理一种语言变得越来越重要和困难，这已是一项巨大挑战。的确，由于商业经济利润很高，机器翻译领域得到了广泛关注。大型公司也加入到这一主题的研究与开发中：例如，欧洲专利局正在与Google公司合作，开发一种适用于该领域的机器翻译系统。世界知识产权组织已经自行开发了一套基于神经网络的翻译系统，以便将中文、日文和朝鲜语的专利文件翻译成英文。机器翻译领域的大多数制造商都在专利领域提供了商业化解决方案。

最后，还必须提到政府情报部门，现在也是机器翻译产品的最大消费者之一。该市场鲜为人知，甚至更难以评价，因为根据规定，情报服务结构很少参与活动交流。机器翻译与通信侦听有关。情报机构不能分析所有监听到的信息，也不可能让专家掌握所有相关语言，因此，能够自动识别这些信息中所使用的语言，并将其中的部分内容自动（至少大概）翻译是非常重要的。很容易理解为什么机器翻译是一项对于该领域非常有用的技术，无论是对于书面文档还是口头抄本。翻译经常需要涉及所谓的敏感国家的语言，并根据国家时事而时有波动。考虑到国家利益，大多数西方国家都或多或少地与机器翻译公司建立了松散的合作关系。在极短时间内为新语言生成高效系统以便快速、有效地应对新威胁的能力是该领域的关键任务之一。

显然，机器翻译的市场非常分散，包括从网络上提供的免费模块（Bing 翻译、Google 翻译、Systranet 等）到纯商业化工具。此外，商业化工具经常也以多种版本形式出售：例如，比较常见的是网上免费版本的翻译软件以及通过传统销售渠道出售的专业翻译版本，大多都是与服务相关的（尤其是关于专业词典、术语和短语的开发）。应该指出的是，大多数公司并不是依靠销售软件来直接赚钱的，而是通过广告或服务来获得大部分收益。围绕着机器翻译的服务销售意味着，即使在这种自动翻译环境下，技术人员和专业翻译人员仍需要相互配合。

近年来，随着语音翻译的发展，翻译市场也变得多样化，这一领域仍在蓬勃发展，且在具体应用方面，尤其是移动设备上，非常具有发展前景。最后，机器翻译也为专业翻译人员提供了有用工具，即使大多数自动翻译工具的结果与想象的并不完全一致。

▶ 免费在线软件

自20世纪90年代以来，互联网上已出现了一些免费的机器翻译系统，最早的翻译系统Babelfish，出现在90年代末，是由搜索引擎AltaVista（当时最流行的搜索引擎）提供的。Babelfish实际上是AltaVista和Systran公司（Babelfish的技术提供方）之间达成协议的产物。后来，Babelfish在2003年被Yahoo公司收购，并于2012年最终被Microsoft公司开发的Bing翻译所取代。

如今，互联网上最著名的免费翻译服务无疑是Google翻译。自21世纪初以来，Google公司就一直进行机器翻译的研究，以开发自己的翻译解决方案。Google 公司开发的在线翻译系统最初是基于 Systran 公司的，但随着 Google 公司不断开发自己的技术，Systran 公司逐渐被淘汰，先是在 2005 年推出针对俄语、汉语和阿拉伯语的翻译，然后在 2007 年 10 月，形成一个能够翻译 25 种语言对的在线翻译系统。现在，Google 翻译系统能够处理 100 多种语言，但根据所考虑的语言对不同，其翻译质量也大相径庭。

Google 翻译基于一种统计方法，并采用 IBM 公司最初开发的模型。然而，很显然，这些模型都经过了极大的改进，尽管所采用的具体算法不得而知，因为这都是保密的。Google 翻译的主要优势之一是可以通过搜索引擎和令人难以置信的计算能力来充分利用网络上的双语语料库。Google 翻译系统还集成了可用的术语和语义资源，并且最近开始部署基于深度学习方法的新一代系统。

除了 Google 翻译，互联网上还有很多免费的自动翻译软件包。如上所述，Yahoo 公司已经采用 Microsoft 公司的 Bing 翻译来代替早期的 Babelfish 系统。同时，Systran 公司也提供自己的在线翻译服务，称为 Systranet，而 Systran 公司的主要竞争对手 Promt 公司也提供了在线免费翻译服务。目前，在互联网上可以直接使用许多其他系统，其中，有些系统专门针对不太常见的语言。一份由

John Hutchins 于 2010 年为欧洲机器翻译协会编制的文档，即翻译软件汇编①中列出了互联网上提供的几十种翻译产品。现在，每周都会有新的软件和网站出现。

一些网站或移动端应用程序，尤其是社交网络平台，也集成了机器翻译服务，使得用户能够查阅外文内容。Facebook 和 Twitter 利用 Bing 翻译来允许终端用户阅读外文内容，最近，Facebook 也开始开发自有技术。其他社交网络平台也集成了机器翻译技术。在自动显示而无人干预的情况下（这通常取决于社交网络平台的设置），用户有时可能都不知道正在阅读的是机器翻译的译文。

这些公司提供在线翻译服务是出于不同目的，并从中获得收益。对于 Google 公司和 Microsoft 公司，认为机器翻译是旨在提供更好信息访问的服务生态系统中的一项关键技术。因此，机器翻译是除直接投资回报的关键组成部分。Google 公司的主要收入来自广告，而 Microsoft 公司的大部分收入来自软件销售（同时也在寻求多元化的广告收入）。对于 Systran 或 Promt 这样的公司，依附于互联网是必不可少的，首要的是确保与竞争产品的直接对抗。广告和在线产品的销售（包括将翻译服务集成到其他网站，通常

---

① http://www.hutchinesweb.me.uk/Compendium-16.pdf；2014 年 9 月 15 日访问。

可获得与每月翻译量成比例的收入）是软件公司的另一项主要收入来源。

另外，还应注意到，这些工具不再只是独立的在线应用程序。现在，经常可以对从网上直接获得的译文进行校正。反过来，系统也可以利用这些人工校正来识别一些错误并进行动态校正，且没有任何成本，只需将用户建议的校正进行集成即可。用户反馈相对很少，但工具在活跃的用户社区中应用得越多，那么从这类反馈中获得的受益也越多。在未来，这类信息源是非常有价值的，尤其是自动翻译方法趋于稳定时（即经过初期的快速发展后，改进逐渐越来越难）。在这种情况下，改进的主要来源可能就依赖于用户自身提出的局部化改进。然而，由于软件用户往往很少提供反馈意见，那么访问用户社区通常非常困难且成本很高。从这个角度来看，拥有大量用户的在线翻译服务就是非常有价值的产品。

最后，在线产品并不能保证翻译数据的机密性，相反，翻译数据通常是由机器翻译系统存储的。大多数系统都是跟踪最终用户所建议的文本以及相应的翻译，并将其用作可找到之前翻译的存储。因此，需要翻译机密数据的公司绝不会使用这些免费产品，而应优先选择商业化产品。

▶ 商业化产品

除了免费产品，还存在着许多商业化产品，以满足各种需求以及互联网上的各种不同语言的翻译。

一些公司，如 Systran 和 Promt，提供了机器翻译的市场化解决方案。除了这两家公司，还有许多其他软件公司提供了"现成的"机器翻译解决方案，有时只需要几美元。这些系统适应性较差，且翻译质量也值得商榷。由于在线免费翻译工具的出现，这类产品现已很少应用，将来可能会逐步被淘汰。

一个更大的市场是销售可集成到网站的机器翻译解决方案。已知 Facebook 公司和 Twitter 公司首先使用 Bing 来翻译在线交互的信息，且目前 Facebook 公司正在开发自己的"内部"解决方案。几乎所有的大型软件集成商都推出了可集成到网站的机器翻译解决方案。例如，IBM 公司开发了自己的产品，该产品作为一个模块在 IBM 公司的 WebSphere 平台上销售。Oracle 公司与 Systran 公司达成合作协议。另外，正如人们已知，欧洲专利局与 Google 公司合作，共同与其他专利局签署协议，来改善其机器翻译技术（尤其是中文）。

除了这些世界知名的大公司,其他一些公司还推出了针对主要的不同语言对的商业化产品。一些地区的市场主要是由本土化公司主导,如俄罗斯的 Promt 公司或亚洲的 CSLi 公司。另外,还有一些专门针对特殊稀有语言或更具区域性领域的公司。这些系统的质量参差不齐。此外,正如在第十三章中所述,是否具有相应的双语平行语料库和词典是影响翻译系统性能的主要因素。

如前所述,在线销售通常是非常有限的,即使广告收入是主要的附加来源。机器翻译领域中传统软件公司的大部分收入都来自大公司和大型行政机构。在这方面,国防部门尤为重要,特别是随着通信拦截的越来越普遍化(通过电话或互联网)。在一家法国杂志的采访中[一],Systran 公司的前 CEO,Dimitris Sabatakakis 曾提到,如果没有美国情报机构,Systran 公司将不存在。确实,Systran 公司的第一桶金就是来自于 20 世纪 70 年代与美国陆军签订的一份合同。正如现在人们所知道的,Systran 公司直至今日仍主要依靠与各个美国国防机构签订的巨额合约。

[一] 2013 年 9 月 Le Point 期刊中的一篇文章;见 http://www.lepoint.fr/editos-du-point/jean-guisnel/dimitris-sabatakakis-systran-n-existerait-pas-sans-les-agences-de-renseignements-americaines-18-09-2013-1732865_53.php。

▶Systran 公司案例

毫无疑问，机器翻译领域最早且最知名的公司就是 Systran 公司（其名字来源于"系统翻译（system translation）"的缩写）。Peter Toma 曾是一名 20 世纪 60 年代初在 Georgetowm 大学工作的研究人员，在 1968 年创建了 Systran 公司。最初，该公司的主要客户是美国国防机构（如美国空军），且主要是针对俄语-英语语言对的翻译。

该公司还因与欧盟合作多年而闻名。1975 年，应欧盟委员会的要求，进行了首次系统演示。随后于 1981 年在布鲁塞尔安装了演示系统。之后，逐渐增加了服务的语言数量，这份合约也保证了 Systran 公司的稳定收入。但在 2003 年欧盟委员会希望与供应商进行招标以改进翻译系统及其词典时，两者的关系发生恶化。Systran 公司就侵权（软件及相关信息方面）和向第三方泄露机密数据提起诉讼。最终，Systran 公司在 2010 年赢得了针对欧盟委员会的诉讼。

这场诉讼官司并非传闻。这表明翻译系统的质量从根本上与所使用的资源密切相关，尤其是对于主要依靠语言学家开发的词典和规则的系统，Systran 公司一案即如此。在机器翻译领域，关

第十四章　机器翻译产业：专业与大众市场间的应用

键在于能够快速响应新的需求，这意味着需要在无需拥有海量语料库的情况下能够涵盖新的语言和新的专业领域。事实上，像 Systran 公司和 Promt 公司这样的专业公司仍主要是提供依赖于词典和转换规则的系统（在统计方法应用于该领域之前，20世纪 80 年代和 90 年代的 Systran 公司尤其如此）。在 Google 翻译取得成功应用之后，Systran 公司也开发了一种"混合"方法，在系统中利用了统计信息，但基本的翻译模型仍是相对传统的，现在，Systran 公司也和该领域的所有主要开发方一样，着重研究深度学习。采用相对传统的方法的优点是即使没有训练语料库，也可以开发双语词典以及语言间的转换规则。根据所考虑的语言对，甚至可以针对某一给定语言产生一些数据，这是一个非常突出的优点。

回到国防市场。Systran 公司的 CEO 在之前提到的采访中透露，2000 年 Systran 公司 1/4 的收入是来自美国国防行业。法国和韩国市场也是该公司的主要收入来源。由此，可估计 2000 年该公司的一半以上收入都与国防和情报市场有关（因为美国国防行业并不是 Systran 公司在国防和情报方面的唯一市场）。在此情况下，通常很难获得训练数据，因为该领域的语料库是高度机密的。此外，军事和情报机构希望能够在不泄漏数据的情况下不断调整翻译系统。因此，机器翻译仍是与词典和规则相关的，这是因为例如在现有词典中增加新的单词很容易，而要重新训练统计系统则很复杂，且需要大量无法获得的双语数据。这也在很大程度上解释了为什么许多商业化系统仍采用手动开发的双语词典的传统方法的原因，即使现在统计方法已占主导地位。

▶ 全球市场

　　这一战略性市场的重要性促使电信领域的大公司加强其在语音分析和机器翻译方面的团队建设。近年来发生了一些公司并购事件：Systran 公司在 2014 年被韩国公司 CSLi 收购，该公司主要开发用于三星通信设备（手机、平板计算机及其他技术设备）的语音分析和翻译系统。Facebook 公司收购了专门从事机器翻译的一些公司（尤其是 2013 年成立的处理语音信息的 Jibbigo 公司）。Apple 公司和 Google 公司也定期收购了一些通信和信息技术领域的初创企业。更重要的是，所有这些大公司还都在招聘工程师和研究人员（主要是机器翻译和人工智能方面），来开发自己的机器翻译解决方案。另外，还在世界各地开设新的研究中心，以吸引各地的优秀人才。

▶▶ 机器翻译的新应用

机器翻译市场正在快速增长。在过去的几年里,人们目睹了各种新应用的涌现,特别是在移动设备上。语音翻译已成为一个热门话题("语音到语音"应用程序旨在通过实时自动翻译,使得一个说母语的人能够与另一个说外语的人进行交谈)。

机器翻译市场正在快速增长。在过去的几年里,人们目睹了各种新应用的涌现,特别是在移动设备上。

▸ 跨语言信息检索

跨语音信息检索是为了访问最初用不同语言编写的文档。以专利研究为例：当一个公司试图了解某个想法或过程是否已获得专利时，就必须确保其调研是详尽且涵盖世界所有地区的。因此，对于查询（即通过关键字表示的信息需求）和响应分析（即与信息需求相关的文档），突破语言障碍是至关重要的。

跨语言系统是一种能够管理多种语言并对某一给定语言进行查询来识别以不同于源语言的任何语言表示的文档的系统。然后，机器翻译系统可将识别的文档翻译成用户语言。这一领域是当前研究的热点，是综合利用搜索引擎和机器翻译来获得尽可能准确的结果。

现在存在的主要问题是查询所表示的信息需求层次不尽相同：大多数情况下，互联网查询是由一两个关键词组成的，这意味着没有太多上下文来消除关键词的歧义。为了解决这个问题，一种策略是识别（通过词典）查询中单词的歧义程度，并如果有必要，要求用户更好地指定查询内容（如果存在有效策略，则交互实现）。另一种方法是在要求用户根据信息需求评估其相关性之前，直接显示查询结果文档（即没有经过歧义消除）。然后，反过来通过对所选文档的自动分析来强化搜索，以交互方式获得目标语言中更准确的结果。该领域的研究人员已开发出一些产品，主要集成在"重要客户"（大公司或行政部门）的商业化解决方案中。为了提高效率，所提出的解决方案需要根据目标字段使用专用的词典。

▶ 自动字幕和说明

自动字幕是一个能够自动产生节目中音频部分字幕的应用程序。可用于单语环境，现在也可用于提供实时音频翻译。自动字幕通常出现在嘈杂环境中（火车站、机场等），并且现已应用于世界各地的大众媒体中。这类应用还可以让听觉障碍人士和不懂源语言的人都能够获取公共媒介信息。

自动语音字幕的质量已允许这类应用成功用于单语环境。如今，用于自动字幕和机器翻译的技术已能够以各种语音生成字幕，实时且无任何附加成本。然而，所生成结果的质量仍存在问题，目前尚不能大规模部署适用的解决方案。

▶ 多语对话的直译

自动语音翻译是大多数信息技术公司的一个重要契机。例如，

Microsoft公司旗下的Skype开发了一种纳入其通信平台的原型样机。现在这种趋势日益普遍：移动消息应用程序WeChat（微信）也声称集成了一个机器翻译系统。微信的首要功能是文本消息的交互式服务，但也允许交换语音消息：只要系统的翻译质量足够高，这些消息就可以同样方式自动翻译。最后，Google公司在Android平台上引入了一种用于移动设备的语音翻译应用程序，作为Google翻译系统的一部分。

所有移动运营商都致力于这类应用，以允许"透明式"多语种呼叫，这都归功于直接翻译（即允许外语呼叫者的呼叫，而不需要确定对话方是否是说另一种语言）。然而，值得注意的是，这些系统的质量不足以支持人与人之间进行真正的短期对话：即使语音转录的质量在不断提高，但目前的错误率以及不同的翻译模块都可能使得对话变成不知所云！

至于美国电信巨头AT&T公司，开发了一个能够实现"语音到语音"或实时多语言同步交互式翻译的应用程序Watson[一]。该应用程序似乎更适用于上述应用。事实上，除了人与人之间的传统对话，另一个目标是实现音频交互服务。在此情况下，翻译更关

[一] 参见 http://www.research.att.com/projects/WATSON/。

键，因为系统目标主要是管理对公司数据库信息的访问。系统必须能够理解一个查询（以某种特定语言表述）并以说话者掌握的语言提供答案（例如，电话号码）。这种应用貌似在短期内比人与人之间就任何话题的多语言对话更易实现。

▶ 手机和通信对象

现在，新技术和新应用在机器翻译中起着主导作用。"语音到语音"应用与手机的快速发展密不可分。目前大多数应用程序都可应用于手机（作为应用程序），即使现在还不能通过电话直接进行多语言会话。出于实际考虑，移动电话的应用程序更倾向于诸如在同一房间内多人之间对话中一些语句的直接翻译，但最终目标肯定是能够通过移动电话对远程对话进行直接翻译。

这类应用程序的开发人员充分利用了现代手机的所有功能。一个实际的应用示例是，通过一个特定的应用程序拍摄餐厅菜单，即可立即获得菜单的翻译（当然系统并不能提示该菜品是否可口！）通过这个具体应用，可以看出不同研究领域的融合：图像分析（以便从图像中识别和提取文本区域）、字符自动识别和机器翻译。

互联网连接的对象（如手表或眼镜）将有助于支持包括多语

言语音在内的新应用。日本 NTT Docomo 公司推出了一种具有增强视觉功能的眼镜模型，其中集成了机器翻译功能：用户可查看日语文本并获得英文翻译。目前，这只是一个原型，其质量和健壮性尚未经过测试，但这些应用示例体现了在文本和语音方面的应用范围。

目前，这些科技产品似乎缺乏普通大众的广泛关注，这是因为其价格高昂以及应用定位不够明确（Google 眼镜尽管得到了大量媒体的报道，但由于缺乏商业利益而不得不退出市场）。毫无疑问，这类产品在未来人们需要免提工作的专业环境中更有应用前景，特别是专业维护场合（如核能、航空和计算科学领域）。其他专业背景也有应用机会，例如医学、销售或文化领域（如使用增强现实设备参观博物馆）。

▶▶ 翻译辅助工具

虽然自 20 世纪 80 年代以来人们就对机器翻译重燃兴趣，但直至今日翻译辅助工具仍很落后。现在，很多公司都提供了有效的专业工具，尤其是"翻译记忆存储"或数据库，翻译人员可以在这些数据库中根据以往的翻译找到例句。翻译记忆存储的应用越来越广泛，有时甚至被强加给翻译人员以确保翻译的连贯性。

统计翻译模型是基于对看作超大翻译记忆存储的海量双语语料库进行分析而得出的。然而，切记不能过度类比：人工翻译与自动翻译系统的工作过程几乎没有任何关系。

另一个问题是近年来取得很大进展的机器翻译工具是否能够对人工翻译人员有所帮助。由于大多数工具都能提供完整的翻译（不仅仅是翻译片段），所以唯一可能的策略是对翻译进行后期编辑以获得高质量的结果。这种方法的结果是多种多样的，难以一概而论。只有机器翻译的质量很高，才能使得人工工作更加快速、有效。因此，只有能够调节系统以适用于目标领域且该领域具有常规术语和短语时，该方法才可行。加拿大环境部所开发的系统就是一个很好的示例：目标是一个非常特定的领域（天气预报），其中包含特定信息（各个城市的气温表等）来填充固定文本模板。在这种情况下，后期编辑的工作量非常有限。相比之下，若使用标准工具对技术文本进行翻译就可能产生无法操作的结果。

机器翻译系统有时提供的翻译仅足以获得一个文档的要点。这种质量（在某些情况下可能已足够）对于一个普通的翻译人员来说通常是远远不够的。另外，经常发生的一种情况是提供的翻

第十四章 机器翻译产业：专业与大众市场间的应用

译片段不能重复利用。解决方法是完全改写语句，那么这时自动翻译系统就几乎无用了。因此，专业翻译人员通常更喜欢传统的工作方式，这反而比自动翻译方法更快。还值得一提的是，欧盟委员会虽然投入了大量资金用于机器翻译，但正如前面所述，最多只有5%的翻译是基于自动翻译工具的。这表明，如果翻译目标是需要近乎专业质量的翻译，那么自动翻译还远远不能应用于现实的行业或行政管理环境下。

尽管如此，机器翻译后期编辑最近已成为一个成熟的研究领域。目前关于这一主题的相关会议显示了该领域的科学意义和经济效益。这实际上包括两个方面：首先，提高翻译人员的效率，这涉及能够充分利用机器翻译工具输出结果的有效系统和策略；其次，直接改进机器翻译系统，这意味着能够动态重用终端用户的反馈信息，不断改进系统，以在将来提供更准确的翻译。

除了这些使用标准机器翻译工具的实验，现在普遍达成的共识是翻译辅助工具不能只提供语句层面的单一翻译，而是应能提供翻译人员可以从中选择的翻译片段。Trojanskij 的辅助翻译环境（见第四章）在这方面是一个非常有远见的发明，但可惜从未进行过深入探讨。或许人们还记得 Bar-Hillel 的建议，或 1996 ALPAC

报告：长期以来，高质量的机器翻译被认为是一种不切实际的幻想或至少是一个难以实现的目标。但与此同时，人工翻译人员需要特定工具（而不是标准的商业化机器翻译系统）来提高翻译效率以及翻译质量和一致性。

这实际上是一个难题，因为没有人确切地了解什么对翻译人员真正有帮助。增强翻译记忆存储是一个最简单的办法，因为可根据翻译上下文来显示文本中最相关的部分。但是，即使这种看似最合适的增强方法也存在问题，因为不断更新所显示的翻译片段会导致应用程序的应用非常缓慢和繁琐。然而，目前翻译记忆存储得到了广泛应用，并仍是专业翻译人员在其工作环境下的主要应用。

第十五章
结论：机器翻译的未来

纵观本书给出的概述，可以看到机器翻译从 20 世纪 50 年代的首次实验到如今可在互联网上免费使用系统的演变历史。另外，还了解了这些系统的主要特性：一些是基于词典和转换规则，另一些是基于对海量语料库的统计分析。最后，介绍了一种看似非常具有发展前景的基于深度学习的新方法。从技术和认知角度来看，这种新方法尤其令人兴奋。但首先还是先分析一下商业化的挑战。

▶ 商业化挑战

如前所述，机器翻译自 20 世纪 90 年代以来经历了一场深远的变革，在此期间，海量双语文档可在网上免费且直接获得。与此同时，互联网的飞速发展也起到了至关重要的作用，如今人们可以通过邮件、博客和社交网络进行世界范围内的交流。因此，需要一种能够以不同语音进行通信而无需掌握多种语言的工具应运而生。为此，这一技术复兴得到了商业和战略前景的支持，特别是在电信和信息技术领域。

在本书中，介绍了几种类型的应用。每个人都非常熟悉互联网上免费提供的翻译工具，这些工具是由 Google 公司、Microsoft 公司等互联网巨头创建的。在一个多元化、多语言的世界中，对于具有全球战略的互联网和电信公司而言，掌握这种技术是一种必然要求。机器翻译是未来多种具有极大潜力产品的关键技术，如多语种实时通信或访问多语专利数据库。其中某些应用将在未来几年内产生可观的收入。

另一种类型的应用可能还不为人所知：一些专业公司提供专业的商业化翻译产品。这些产品较为复杂、适用性强，且通常与特定服务捆绑销售（特别是开发专业词典或根据需求快速集成新语言）。这类产品主要是销售给大公司和政府部门，特别是军事和情报领域。因此，在这方面战略利益具有重要作用。这种系统的适应性也是一项关键因素：解决方案供应商为新领域或新语言提供准确翻译的能力至关重要。在该框架下，往往还要求用户能够自己开发资源，尤其是需要对待分析数据进行分类时。

通信网络、移动互联网和电子设备小型化的快速发展也突出强调了在能够快速切换到直接进行语音翻译的音频应用方面的需求。近几十年来，语音处理一直是人们深入研究的课题，且现已达到一定的性能。然而，由于必须实时进行语音处理和机器翻译，且翻译错误不断累积（即如果语音识别系统未能正确分析一个单词，就不能进行正确翻译），这一任务的实现仍存在很大的困难。生产这些工具的大公司（如 Apple、Google、Microsoft 或三星等公司）都在开发自己的解决方案，并定期收购相关技术领域的初创企业。这些大公司必须占领技术前沿，并提出可能是未来主要收入来源的新功能。

未来可期待机器翻译模块集成于新型设备，如第十四章所示。Microsoft 公司已展示了多语言对话的实况演示，其中将语音翻译集成到 Skype 中。Google、三星和 Apple 等公司也在为手机，甚至"智能"眼镜开发类似的应用程序。虽然尚不清楚这些黑科技是否可以真正应用于日常生活，但对于特定的专业环境肯定会大有用处，例如在航空或核工业中复杂系统的维护，在此技术人员必须能够在保证双手自由的情况下进行交流。显然，商业化的挑战将继续推动这方面的研究不断朝着系统功能更强大、更准确的方向发展。

人们生活在一个多语言的世界中，但由于该领域与经济和政治因素密切关联，因此存在着与机器翻译（以及整个自然语言处理领域）有关的主导语言问题。正如所强调的，即使互联网上现有的翻译系统已宣称可以翻译成几十种语言，但大多数系统的翻译质量还是很糟糕的，特别是英语不是源语言，或至少是目标语言时。除了印欧语系（英语、俄语、法语、德语等），一些其他语言（如阿拉伯语或汉语）现在也成为研究的热点。这些语言通常是世界范围内使用最广泛的语言，且具有巨大的经济潜力。另外，还有一些研究人员从事稀有语言的项目，但这些毕竟是占少数的，且系统质量一般都不高。只要不是由经济利益所支配，处理稀有语言仍是一项高难度的挑战。

▶ 机器翻译的认知方法

在即将结束本书内容之前，再针对认知问题进行简单讨论。从事机器翻译领域的主要研究人员都普遍避免探讨认知问题，且几乎不与人类的翻译方式进行比较。在过去，人工智能领域经历了过多的夸大与夸张，且与人类思维或推理方式无关的系统有关。因此，将注意力集中在技术问题上并与人类行为撇清关系似乎非常合理，尤其是事实上，人们对人类大脑的工作方式知之甚少。

然而，在这一结论中可能关注的是需要关注上述提到的认知问题，因为从这一角度来看，机器翻译领域的发展与它高度相关。第一种系统是基于词典和规则，并假设需要对源语言和目标语言中的各种知识进行编码，以生成相关的翻译。这种方法在很大程度上失败了，因为这些信息常常是局部的，有时甚至是相互矛盾的，且知识都是上下文相关的和模糊的。此外，没有人真正了解知识是什么，或从哪开始，从哪结束。也就是说，开发有效的机器翻译规则不能由人类有效执行，因为该任务可能是无限的，且不清楚在实践中该对哪些内容进行编码。

统计系统似乎是一个很好的解决方案，因为这类系统能够针对与数以千计个单词和表述相关的复杂上下文进行有效的计算。这或许是大脑以完全不同的方式所处理的事情，但不管怎么说都是非常有效的：由第二章可知，任何语言都充满了歧义（参见"the bank of a river"和"the bank that lends money"）。而人类却根本不会为这些歧义而困惑：大多数时都会在上下文中选择正确的含义，甚至根本不会考虑其他含义。在"I went to the bank to negotiate a mortgage"语句中，"bank"一词显然是指贷款机构，而大多数人都会自动忽略"bank"的另一种含义。虽然计算机仍会考虑所有选项，但至少统计系统可根据上下文提供一种简单而有效的方法来对词义建模。

　　读者了解了从基于逐字方法的最初翻译系统到可以产生更佳翻译结果的基于分段的方法（意味着逐步考虑较长的文本序列）的快速发展历程。基于深度学习的新一代系统将整个语句作为基本的翻译单元，并针对以往方法的局限性，提供了更有价值的解决方案。另外，还注意到这种方案考虑语句中单词之间的各种关系，这意味着在翻译过程中会涉及结构知识（即某种句法）。所有这些信息都可同时在一个独特的学习过程中嵌入和处理，这意味着人们无需处理各种复杂模块的集成或分析错误的传播过程，这与大多数之前的系统截然不同（但需要注意，错误也可能渗透到神经网络中。当然，仅通过神经网络并不能解决所有问题）。

基于深度学习的新一代翻译系统是直接将整个语句作为基本的翻译单元,并针对以往方法的局限性,提供了更有价值的解决方案。

在实际应用中，深度学习系统仍存在一些重要的约束，在第十二章中已分析了一些关键性的问题（未知词、长语句、优化问题等）。尽管现在距离实现完美的机器翻译系统还很遥远，但令人振奋的是，现在性能最佳的翻译系统已能够直接在语句层面上执行，有限利用人工定义的句法或语义知识，并基于用于训练的海量数据动态产生翻译结果。这似乎解释了人类语言的一些特点：例如，儿童学习语言是基于语言接触的事实（并不是基于语法规则的显式学习），单词分布和语言复杂性具有重要作用的事实（有些词相对使用更频繁，且更先学习，较为简单的句法结构更易于掌握，也更易于翻译）。目前尚不完全清楚神经网络的工作原理，可以有效利用哪些知识，以及其结构如何影响整体效果，但有一点很明确，那就是与人类语言的基本特征具有很大的相似性。

正如之前所述，深度学习机器翻译仍处于起步阶段。随着系统不断达到更高的质量，并逐步应用到更广泛的专业环境中，可以期待会得到快速发展。当然，自动翻译系统并不能取代人工翻译，这既不是目的，也不是预期的结果，但将帮助亿万人获得之前无法掌握的信息。在不久的将来，人们可以期望通过电话与说另一种语言的人进行对话。只需将一个小装置置于耳朵中即可理解任何语言，到时 Douglas Adams 的 Babel 鱼将不再是科幻小说，当然该装置也不可能是条鱼！

附录

附录A 术语

附着语

大多数语法信息通过加在单词上的后缀来表达的语言。附着语在形态上较复杂,需要一个高效的形态分析器才能准确处理。

歧义

具有不同含义的单词(或其他语言单元)。例如,"bank"可以指货币借贷机构或河岸。歧义是语言中普遍存在的现象,是自然语言处理过程中面临的主要问题之一。

同源词

跨语言中具有相似形式和含义的相关单词。专有名词常常是同源词("Paris"在英语和法语中都表示同一城市,而"Londres"和"London"在上述两种语言中形式不完全相同,但仍被看作有效的同源词)。相比之下,法语中的"achèvement"和英语中的"achievement"不是有效同源词,因为这两个词虽然在词源上相关,但如今含义却不同(法语中"achèvement"意思是"completion")。这称为"具有欺骗性的同源词"。

复合词

通常不能完全保留其组成部分语义而由几个词素组成的单词。例如,"round table"通常是指一个事件,大多数情况下并非指"圆形"桌子。当一个复合词由几个单词组成时,称为"多词表示"(与"实质复合词"相对,如"football"或"blackboard",其中,相连词素最终产生一个独立单词)。

动词形态变化

一个动词经屈折后的不同形态。

条目，词条

词典中对给定词义的简短描述。一般来说，如果一个单词具有不同的含义（即单词具有歧义），那么就有不同的条目（每一种含义对应一个条目）。

FAHQT

全自动高质量翻译，也称为 FAHQMT，即全自动高质量机器翻译。

固定表示

见习语。

语法功能

单词在语句中的作用（例如，主语、宾语等）。

习语

其含义与组成部分语义几乎无关系的复杂表示（例如，"kick the bucket"，与"kick"和"bucket"都无关）。

屈折

一个给定单词的变化取决于其在语句中的语法功能。屈折主要用于名词和形容词。对于动词,常使用词缀,但都是指基本相同的过程。变化越多,这种语言就越是"形态复杂"。从形态学角度来看,英语要比许多其他语言都简单。

中间语言

用语言无关的形式来表示语句的语义内容。

词根

词典中单词的规范化形式(例如,"walk",而不是"walking")。

词形还原工具

用于计算文本中每个单词词根的自动工具。当表明形式对应于不同的可能引理时,任务并不明显,因此应根据局部上下文来消除歧义。

轻动词

一个在语义内容较少的上下文中所用的动词,尤其在复杂的语言表示中,如"to take a shower"(不会从字面上理解)。

词素

单词部分。见形态学。

形态分析器

自动计算单词结构的工具(见形态学)。

形态学

单词结构分析。单词通常由词干、(可选)前缀和后缀组成。例如,在名词"deconstruction"中,"de-"是前缀,"-tion"是后缀。词干是"construct"或甚至是"-struct"(因为"con-"也可以看作是前缀)。单词部分(词干、前缀和后缀)称为词素。

形态句法学

见词性标注器。

出现次数

单词需在语料库中存在:文本中单词的出现次数是指单词在文本中所用的次数。

解析器

见句法分析器。

词性（或形态句法）标注器

在上下文中为单词自动分配词性标记的工具（例如，一个特定语句）。由于大多数单词都是具有歧义的（例如，"fly"可以是名词或动词），因此，这项任务还是很难的。

词性标签

词类（名词、动词、形容词等）。在英语中，研究人员通常考虑大约12个类别，但是各个语言间的差别很大。

短语

语句中的半自主词组，如名词短语（"a cat"）或动词短语（"to go shopping"）。一个称为半自主的短语是指其本身不能构成一个完整语句，但与一些自主含义（相对于"cat goes to"之类的语句）相关联。

精确率

与查询或任务相关的"信息块"(单词、单词序列、文档)的检索部分。

前缀

见形态学。

召回率

与查询或任务相关的"信息块"(单词、单词序列、文档)的检索部分,且成功检索。

语义分析器

旨在提供语义表示的自动工具(见语义)。

语义

任何语言单元(单词、短语、语句或任何高层次单元,如段落或文本)的含义分析。

后缀

见形态学。

句法分析器或解析器

旨在提供语言单元的语法表示的自动工具（见语法）。

表层词形或词形

在文本中出现的单词。正确分析表层词形（识别不同词素并将单词形式链接到相应的词根）与形态学有很大关系。这一任务对于英语来说相对简单，因为其具有相对较低的形态复杂度（例如，对于"to dance""dancing""dances"和"danced"是很容易区别的形式）。语言学家认为法语在形态上比英语更复杂（因为法语中的每个词元都有比英语更多的表层词形），芬兰语甚至更复杂（理论上，芬兰语中一个词元的词形可能会接近无限多个，因为芬兰语是附着性语言）。

句法结构

反映相对语法功能的词组结构。

句法

词组结构，一般为一个语句。句法分析的结果通常是一个树，其中所有都取决于主要的动词。

转换规则

在基于规则的机器翻译系统中，转换规则形式化了源语言中语言结构必须在目标语言中呈现的方式。转换规则与句法有关。

模糊，模糊性

指一种语言从来都不是完全精确的，或者总是可能更精确，尤其是与外界有关的。模糊性在语言中是普遍存在的，涉及许多不同的概念（例如，模糊概念，如"to be bald"；哲学和抽象概念，如"to be good"；跨语言变化的概念，如颜色等）。

词义

一个单词的不同含义。词义的数量对应于词典中一个单词的条目数。

附录B 推荐与扩展阅读书目

本书相关网站为 http://lattice.cnrs.fr/machinetranslation。网站提供了各种辅助材料，包括错误校正和对读者有用的其他资源。该网站还提供了不同机器翻译系统的输出结果分析，由于系统性能发展太快，因此未在本书中包含。此外，对于一些读者，除了本书所介绍的内容，这里还提供了建议的扩展阅读。推荐书目并非详尽，因为每天都会出版新的关于这一主题的图书。为了更详细地讨论本主题的不同方面，以下是其中主要的推荐书目。反过来，大多数推荐书目又引用了关于特定问题的参考文献。

鉴于 John Hutchins 的综述工作，这一主题的历史得到了很好的记录。其他一些方面更难探索，因为这些都是非常丰富和具有技术性的（特别是关于当前研究路线）或稀有且迅速过时的（例如，与该领域的商业化相关的问题）。

在发展历史方面，读者可参考 John Hutchins 的网站：http://www.hutchinsweb.me.uk。另外，John Hutchins 还出版了三本有关这一问题的图书：

John Hutchins (1986). Machine Translation: Past, Present, Future . Series in Computers and Their Applications. Chichester, UK: Ellis Horwood。

John Hutchins and Harold L. Somers (1992). An Introduction to Machine Translation.London: Academic Press。

John Hutchins (ed.) (2000). Early Years in Machine Translation: Memoirs and Biographies of Pioneers . Amsterdam: John Benjamins。

1992年与Harold Somers合著的这本书还很重要，即便现在有点过时了。对于任何对机器翻译历史感兴趣的人来说，另外两本书是不可或缺的。1986年出版的书介绍了20世纪80年代初该领域的主要研究团队，以及不同研究团队所采用的主要系统和技术。2000年出版的书包括了更多的历史轶事和个人介绍，以及该领域主要参与者的第一手资料。

John Huctchins的其他文章也很有意义，提供了有关机器翻译领域简洁而真实可信的概述。例如：

John Hutchins (2010). "Machine translation: A concise history." Journal of Translation Studies 13 (1–2): 29–70. Special issue: The teaching of computeraided translation, ed. Chan Sin Wai。

关于语料库对齐和机器翻译统计方法,以下技术性文献非常重要:

Philipp Koehn (2009). Statistical Machine Translation . Cambridge: Cambridge University Press。

Jorg Tiedemann (2011). Bitext Alignment . San Rafael, CA: Morgan and Claypool Publishers。

关于自然语言处理,也有一些较好的综述性文章,例如:

Dan Jurafsky and James H. Martin (2016). Speech and Language Processing (3rd ed. draft). Available online: https://web.stanford.edu/~jurafsky/slp3/。

接下来,还提供了其他一些参考资料,这些资料对希望能够更多了解某些特定问题的读者可能有用。下面的参考资料也是本书内容的主要来源。

第二章

许多图书都提到了翻译问题，但恕不能一一列出。David Bellos 最近编写的一本书非常引人入胜，许多其他书也进行了引用：

David Bellos (2011). Is That a Fish in Your Ear? Translation and the Meaning of Everything . London: Penguin/Particular Books。

Adam Kilgarriff (2006). "Word senses." In Word Sense Disambiguation: Algorithms and Applications (E. Agirre and P. Edmonds, eds.). Dordrecht: Springer。

第三章

本章对机器翻译领域进行了简要概述。读者可以参考本节开头列出的一些参考资料。

第四章

关于通用语言的相关文献非常多，但 Umberto Eco 的相关介绍是非常值得一读的。Hutchins 关于 Artsrouni 和 Trojanskij 的文献是介绍这两位研究先驱的主要参考资料：

René Descartes (1991). *The Philosophical Writings of Descartes*. Volume 3: The Correspondence. Cambridge: Cambridge University Press.

Umberto Eco (1997). *The Search for the Perfect Language*. Oxford: Wiley.

John Hutchins (2004). "Two precursors of machine translation: Artsrouni and Trojanskij." *International Journal of Translation* 16 (1): 11–31.

Philip P. Wiener (ed., 1951). *Leibniz Selections*. New York: Simon and Schuster.

第五章

在本章中，除了 Weaver 和 Bar-Hillel 自己的著作，还可以参考 Hutchins 关于 Weaver 的文章《Warren Weaver 以及机器翻译的创立：简记》(Warren Weaver and the launching of MT: Brief biographical note) 和 Y.Bar-Hillel 的文章《Yehoshua Bar-Hillel：一名哲学家对机器翻译的贡献》(Yehoshua Bar-Hillel: Aphilosopher's contribution to machine translation)，这两篇文章都收录在《早期机器翻译》(Early Years in Machine Translation) 一书中（见本章开头部分的所有参考文献）。

Yehoshua Bar-Hillel (1958 [1961]). "Some linguistic obstacles to machine translation." *Proceedings of the Second International Congress on Cybernetics* (Namur, 1958), 197–207, 1961 (reprinted as Appendix II in Bar-Hillel 1959).

Yehoshua Bar-Hillel (1959). "Report on the state of machine translation in the United States and Great Britain." Technical report, 15 February 1959. Jerusalem: Hebrew University.

Yehoshua Bar-Hillel (1960). "The present status of automatic translation of languages." *Advances in Computers* 1: 91–163.

Richard H. Richens (1956). "A general program for mechanical translation between two languages via an algebraic interlingua." *Mechanical Translation*, 3(2): 37.

Karen Sparck Jones (2000). "R. H. Richens: Translation in the NUDE." In *Early Years in Machine Translation* (W. J. Hutchins, ed.). Amsterdam: John Benjamins, 263–278.

Warren Weaver (1949 [1955]). "Translation." Reproduced in *Machine Translation of Languages* (W. N. Locke and D. A. Booth, eds.). Cambridge, MA: MIT Press, 15–23.

第六章

ALPAC 报告以及相关评论,尤其是 John Hutchins 的评论性文章,很容易在网上找到。

自动化语言处理咨询委员会(1966)。《语言和机器——翻译和语言学中的计算机》(Language and Machines—Computers in Translation and Linguistics),华盛顿特区:美国国家科学院,国家研究委员会。[该书比"ALPAC 报告"更常用]。

John Hutchins (2003). "ALPAC: The (in)famous report." In *Readings in Machine Translation* (S. Nirenburg, H. L. Somers, Y. Wilks, eds.), 131–135. Cambridge, MA: MIT Press.

John Hutchins (1988). "Recent developments in machine translation: A review of the last five years." In *New Directions in Machine Translation: Conference Proceedings, Budapest 18–19 August 1988* (D. Maxwell, K. Schubert, and T. Witkam, eds.), 7–62. Foris Publications (Distributed Language Translation 4), Dordrecht.

Anthony G. Oettinger (1963). "The state of the art of automatic language translation: an appraisal" In *Beiträge zur Sprachkunde und Informationsverarbeitung*, n°2, 17–29.

第七章

由 Tiedemann 撰写的一书，对双语文本对齐（Morgan and Claypool 出版社，2011；参见本章开头部分的所有参考文献）这一主题进行了一般综述。另外，还有一些历史性研究论文也对该领域提供了重要贡献。参见下列：

William A. Gale and Kenneth W. Church (1993). "A program for aligning sentences in bilingual corpora." *Journal of Computational Linguistics* 19 (1): 75–102.

Martin Kay and Martin Röscheisen (1993). "Text-translation alignment." *Journal of Computational Linguistics* 19 (1): 121–142.

第八章

参考了一些研究论文，并对这一范式的优缺点进行了很好的概述：

Makoto Nagao (1984). "A framework of a mechanical translation between Japanese and English by analogy principle." In *Artificial and Human Intelligence* (A. Elithorn and R. Banerji, eds.). Elsevier Science Publishers, Amsterdam.

Eiichiro Sumita and Hitoshi Iida (1991). "Experiments and prospects of example-based machine translation." *Proceedings of the Twenty-Ninth Conference of the Association for Computational Linguistics*, 185–192. Berkeley, CA.

Thomas R. Green (1979). "The necessity of syntax markers: Two experiments with artificial languages." *Verbal Learning and Verbal Behavior* 18: 481–496.

Harold Somers (1999). "Example-based machine translation." *Machine translation* 14 (2): 113–157.

Nano Gough and Andy Way (2004). "Robust large-scale EBMT with marker-based segmentation." *Proceedings of the Tenth International Conference on Theoretical and Methodological Issues in Machine Translation*, 95–104. Baltimore, MD.

第九章

本章开头列出了最重要的参考文献（Koehn 的统计机器翻译论文和 Tiedemann 的语料库对齐论文）。对统计机器翻译感兴趣的读者应仔细阅读由 IBM 公司团队在 20 世纪 80 年代末 90 年代初发表的一系列历史性论文：

Peter Brown, John Cocke, Stephen Della Pietra, Vincent Della Pietra, Frederick Jelinek, Robert Mercer, and Paul Roossin (1988). "A statistical approach to language translation." In *Proceedings of the Twelfth Conference on Computational Linguistics*, Vol. 1, 71–76. Association for Computational Linguistics, Stroudsburg, PA. http://dx.doi.org/10.3115/991635.991651/.

Peter F. Brown, John Cocke, Stephen A. Della Pietra, Vincent J. Della Pietra, Frederick Jelinek, John D. Lafferty, Robert L. Mercer, and Paul S. Roossin (1990). "A statistical approach to machine translation." *Computational Linguistics* 16 (2): 79–85.

Peter F. Brown, Vincent J. Della Pietra, Stephen A. Della Pietra, and Robert L. Mercer (1993). "The mathematics of statistical machine translation: Parameter estimation." *Computational Linguistics* 19 (2): 263–311.

一个网站（http://www.statmt.org）提供了该领域的大量信息，包括研究论文、教程、免费软件链接等。

第十章

上述网站（http://www.statmt.org）也是统计机器翻译领域最新发展趋势的信息来源，而基于分段的机器翻译是其中的一部分。

第十一章

见第十章提到的网站，http://www.statmt.org。

Kenneth Church (2011). "A pendulum swung too far." *Linguistic Issues in Language Technology*, 6(5).

第十二章

Goodfellow 等人撰写的著作，尽管偏技术性，但也提供了大量关于深度学习的全面介绍。还可以参考提供了商业化系统概述的博客文章（例如，参见 Google 公司研究博客：https://research.googleblog.com/2016/09/a-neuralnetwork-for-machine.html，或 Systran 公司博客：http://blog.systransoft.com/how-does-neural-machine-translation-work）。Google 公司论文中介绍了其开发的第一个可操作深度学习机器翻译系统，非常值得一读：

Ian Goodfellow, Yoshua Bengio and Aaron Courville (2016). *Deep Learning*. Cambridge, MA: MIT Press.

Yonghui Wu, et al. (2016). "Google's neural machine translation system: Bridging the gap between human and machine translation." Published online. arXiv:1609.08144.

第十三章

BLEU、NIST 和 METEOR 评测方法在以下文献中进行了详细阐述：

Kishore Papineni, Salim Roukos, Todd Ward, and Wei-Jing Zhu (2002). "BLEU: A method for automatic evaluation of machine translation." *Fortieth Annual Meeting of the Association for Computational Linguistics*, 311–318. Philadelphia.

George Doddington (2002). "Automatic evaluation of machine translation quality using n-gram cooccurrence statistics." *Proceedings of the Human Language Technology Conference*, 128–132. San Diego.

Satanjeev Banerjee and Alon Lavie (2005). "METEOR: An automatic metric for MT evaluation with improved correlation with human judgments." *Proceedings of Workshop on Intrinsic and Extrinsic Evaluation Measures for MT and/or Summarization at the Forty-Third Annual Meeting of the Association of Computational Linguistics*. Ann Arbor, MI.

这里同样也引用了以下四个文献:

Martin Kay (2013). "Putting linguistics back into computational linguistics." Conference given at the Ecole normale supérieure, Paris. http://savoirs.ens.fr/expose.php?id=1291/.

Philipp Koehn, Alexandra Birch, and Ralf Steinberger (2009). "462 machine translation systems for Europe." *Proceedings of MT Summit XII*, 65–72. Ottawa, Canada.

David Vilar, Jia Xu, Luis Fernando D'Haro, and Hermann Ney (2006). "Error analysis of machine translation output." *Proceedings of the Language Resource and Evaluation Conference*, 697–702. Genoa, Italy.

John S. White, Theresa O'Connell, and Francis O'Mara. (1994). "The ARPA MT evaluation methodologies: Evolution, lessons, and future approaches." *Proceedings of the 1994 Conference*, Association for Machine Translation in the Americas, 193–205. Columbia, MD.

第十四章

关于这一话题的研究很少。欧盟委员会的翻译总署在其网站上给出了一些数据:http://ec.europa.eu/dgs/translation/faq/index_en.htm#faq_4/。

以下是该领域的公司简介，在 2010 年已相对全面，但由于发展很快，现在已有些过时了。

John Hutchins, on behalf of the European Association for Machine translation, (2010). "Compendium of translation software." http://www.hutchinsweb.me.uk/Compendium.htm.

此外，一些计算机科学和信息技术方面的专业期刊和杂志以及金融领域的传统报纸也报道了该领域的最新新闻。